CODI'R LLEN

D1407093

Hywel Teifi Edwards

GOMER

Argraffiad cyntaf—1998

ISBN 1 85902 625 7

Dymuna'r cyhoeddwyr gydnabod cymorth Cyngor Llyfrau Cymru.

Argraffwyd yng Nghymru gan
Wasg Gomer, Llandysul, Ceredigion

CYNNWYS

RHAGAIR

Fy ngobaith wrth ollwng y gyfrol hon o'm dwylo yw y bydd gweld lluniau rhai o'r cwmnïau drama niferus a gyfrannodd gymaint at ein diwylliant poblogaidd yn ystod hanner cyntaf yr ugeinfed ganrif, yn ennyn awydd, yn enwedig yn ein colegau, i'w hystyried yn werth astudiaeth. I fyfyrwyr sy'n chwilio am brosiectau gwerth chweil i weithio arnynt, cynigiaf i'w sylw y cwmnïau drama lleol. Byddai olrhain eu hanes a thrafod natur eu gweithgarwch yn goleuo pennod hyfryd o fywiog yn stori ein diwylliant ac yn gyfraniad o werth arhosol.

I'r rhai sy'n cofio'r ddrama yn brif gyfrwng difyrrwch gwerin gwlad rwy'n gobeithio y bydd y lluniau yn ailfywhau'r gorffennol hwnnw pan ddôi pobol ynghyd i greu diwylliant a rhoi pleser. A yw'r dyddiau hynny wedi darfod amdanynt yn llwyr, tybed? Gwych o beth ar drothwy'r milflwyddiant fyddai gweld atgyfodi'r cwmni drama lleol mewn cymuned ar ôl cymuned. Dyna beth fyddai drama.

Ni fyddai'r gyfrol hon yn bod onibai am gefnogaeth y cymwynaswyr a ymddiriedodd dros 350 o luniau i'm gofal. Y maent i gyd wedi'u copïo ar gyfer y dyfodol gan mai detholiad ohonynt yn unig a geir yma. Diolch a chanmil diolch i bob un cymwynaswr a'm cynorthwyodd.

Bu'r Dr. Huw Walters yn y Llyfrgell Genedlaethol fel arfer yn barod iawn ei gymorth. Rhoes Mrs. Gaynor Miles yn ôl ei harfer hithau wedd daclus ar y defnyddiau a gofalodd Dyfed Elis-Gruffydd a'i gyd-grefftwyr yng Ngwasg Gomer eto fyth fod y cyfan yn ymddangos rhwng cloriau yn nodweddiadol raenus. Pa bynnag ddiffyg a ddaw i'r golwg fe fydd i'w roi wrth fy nrws i, a neb arall.

Ac yn awr—coder y llen!

Hywel Teifi Edwards
Mehefin 1998

RHAGYMADRODD

Yn ei phennod ar 'Drama' yn yr arolwg a olygwyd gan Meic Stephens, *Y Celfyddydau yng Nghymru 1950-75* (1979), dyfynnodd Elan Closs Stephens eiriau John Ellis Williams a dystiai ei fod yn gohebu â rhyw 350 o gwmnïau drama Cymraeg ar drothwy'r Ail Ryfel Byd. Pan beidiodd y brwydro, rhyw 30 ohonynt oedd yn para'n fyw ac yr oedd 'Oes Aur' y cwmni lleol wedi dod i ben.[1] Aeth hi yn ei blaen i ddweud na châi ddim trafferth i dderbyn ei dystiolaeth, 'Er gwaethaf diffyg ymchwil manwl a chynhwysfawr i geisio cloriannu hanes y cyfnod . . .', a nododd fod O. Llew Owain yn ei 'gyfrol gatalogaidd', *Hanes y Ddrama yng Nghymru 1850-1943* (1948), yn rhestru 54 enghraifft yn y gogledd a 32 yn y de o drefi a phentrefi a fu rhwng 1921-1932 yn cynnal 'un "neu fwy"' o gwmnïau.[2]

Yr oedd y brwdfrydedd eisoes ar gerdded cyn y Rhyfel Byd Cyntaf fel y gwelir yn glir yn hanes Cwmni 'Cenedlaethol' Howard de Walden yn cynnal Gŵyl Ddrama arloesol yn Theatr Newydd Caerdydd ym mis Mai, 1914.[3] Cododd drachefn wedi'r rhyfela fel y dengys hanes Gŵyl Ddrama gystadleuol gyntaf Abertawe yn Hydref, 1919, pan wobrwywyd Cwmni Dan Matthews am actio *Ephraim Harris* (D.T. Davies).[4] Prawf o ysbrydoliaeth Dan Matthews, mae'n rhaid, yw'r ffaith fod dau gwmni arall o Bontarddulais yn cystadlu yn yr ŵyl honno a chlywais ddweud fod yn y

Cyf. 12, Rhif 672.   CAERNARFON : SADWRN, IONAWR 16, 1904.   CEINIOG

DYFODOL YR EISTEDDFODAU

Gwynir yn fawr trwy Wynedd y gwyliau diwodda[...] chwrwydd y difaswder a ddiangodd yn mhobman yn nglyn a'r Eisteddfodau. Tybed Tybed ai fel uchod y gwelir pethau cyn bo hir?

Y DDRAMA GYMREIG

JOHN JONES· Hawyr! Beth nesa'!

pentref hwnnw ar un adeg ym mlynyddoedd cynnar y ganrif gynifer ag wyth o gwmnïau!

Gellid amlhau enghreifftiau o'r afael ryfeddol a gafodd y ddrama ar werin gwlad o'r gogledd i'r de hyd at ganol y ganrif. Cefais gan y cyfaill Dafydd Lloyd Hughes gyfeiriadau niferus wedi'u codi o'r *Udgorn*, papur lleol Pwllheli, rhwng 1910-1922, sy'n profi cymaint croeso a fu i'r ddrama yn y dref honno o'r cychwyn. Y mae'r *Darian*, a olygwyd o 1914 tan 1934 gan y Parchg. J. Tywi Jones – pleidiwr mawr y ddrama 'lesol' ac awdur un o'r dramâu cynnar mwyaf poblogaidd, sef *Dic Siôn Dafydd* – yn adrodd yr un stori yn y de. I Neuadd Cross Hands cyn 1914 yr âi Emrys Cleaver yn grwt o Faes-y-bont i ryfeddu at 'sêr' megis Dan Matthews a Derwenydd Morgan ac i borthi diléit a barodd weddill ei ddyddiau. Pan aeth yn weinidog i Bodffari yn 1936 sefydlodd gwmni bron ar unwaith a bu ef a Gwilym R. Jones yn ystod deunaw mlynedd oes y cwmni hwnnw yn llunio comedïau ysgafn i'w hactio'n flynyddol. Llwyfannwyd un ohonynt, *Y Bluen Aur*, gerbron cynulleidfa o ddwy fil ym Mhafiliwn Corwen ac yn ystod yr Ail Ryfel Byd perfformiodd 'The Good Companions of Bodffari', fel y'u disgrifiwyd, ddau gant o weithiau mewn tair blynedd. Prinder petrol a'u rhwystrodd rhag gwneud mwy![5] Ac mewn sgwrs â'r afieithus Edna Bonnell, ychydig cyn ei marw yn 90 oed yn

1997, dywedodd wrthyf iddi sefydlu ei chwmni tua 1934 i actio *Man Gwyn Man Draw* ac iddynt ddal ati'n ddibaid tan y 60au, heb ildio dim i'r rhyfel, gan berfformio – fwy neu lai – deirgwaith yr wythnos rhwng Medi ac Ebrill!

Y mae John Ellis Williams yntau yn *Inc yn fy Ngwaed* (1963) yn sôn am ei ymwneud diflino ef, yn ddramodydd a chynhyrchydd, â'r ddrama o'r adeg y daeth dan ddylanwad y Parchg. Daniel Williams a dechrau actio'n grwtyn yng Nghwmni Drama Penmachno a fentrodd lwyfannu *Helynt Hen Aelwyd* (Richard Conway Williams) yn 1912. Heb os, y mae ef gyda'r sicraf o'r tystion sydd gennym i fwrlwm y ddrama yn hanner cynta'r ganrif ac y mae'r hyn a gyflawnodd ym Mlaenau Ffestiniog ar ôl mynd yno'n ysgolfeistr yn 1926 a chodi cwmni drama, yn drawiadol. Y mae hyd yn oed yn ymffrostio mai'n grwt yn actio yn un o'i ddramâu – *Syr Galahad* – y dechreuodd y Dr. Meredydd Evans (Merêd) droedio llwyfan. Y mae ei hanes yn llunio drama-basiant o gyfieithiad y Parchg. E. Tegla Davies o *Taith y Pererin* yn 1934 yn mynd at

galon cyfnod pan oedd 'chwarae drama' yn brif gyfrwng diwylliant poblogaidd y gymdeithas Gymraeg. Bu'r fenter theatrig gymunedol honno – bu'n rhaid rhoi naw perfformiad ym Mlaenau Ffestiniog yn hytrach na'r tri a fwriadwyd – yn gryn lwyddiant a thynnodd sylw a yrrodd y cwmni ar daith drwy ogledd a chanolbarth Cymru rhwng Medi 1934 ac Ebrill 1935 i actio 120 o weithiau.[6]

Yn *Y Ford Gron* rhwng 1930 ac 1935, sglentiai Rhys Puw o'r naill gyffro i'r llall wrth adrodd ar 'Byd y Ddrama'. Yn Nhachwedd 1930 barnai fod o gwmpas 500 o gwmnïau lleol yng Nghymru a bod rhwng 400 a 500 o ddramâu iddynt eu hactio – lle nad oedd o gwmpas 1915 ond rhyw bymtheg ar gael. Yr oedd Cymdeithas Ddrama Trecynon, dan arweiniad medrus y Parchg. E.R. Dennis, ar fin sicrhau Y Theatr Fach yn Aberdâr a gyda rhyw 300 o gefnogwyr yn barod i ymaelodi â'r gymdeithas gobeithid creu 'cartref' i'r ddrama Gymraeg yng Nghwm Cynon.[7] Pan agorwyd y theatr yn 1931, chwarter canrif cyn agor Theatr Fach Llangefni dan arweiniad F.G. Fisher a mwy na deng mlynedd ar hugain cyn agor 'Y

Drama-basiant *Taith y Pererin*, rhai o'r cymeriadau ar eu ffordd i'r perfformiad cyntaf ym Mlaenau Ffestiniog, 1934.

Elizabeth Llywelyn yn agor drws Theatr Fach Aberdâr yn 1931.

'Y Theatr Fach', Aberdâr.
(Cyfarwyddwr: y Parchg. E.R. Dennis).

Gegin' yng Nghricieth dan arweiniad Emyr Humphreys a Wil Sam, yr oedd rhwng 400 a 500 am ymaelodi yn ôl Rhys Puw, ac erbyn 1934 barnai fod 550 yn cefnogi'r fenter, sef dau gant yn fwy nag oedd yn 1931.[8] Heb orboeni am gywirdeb yr union nifer, y mae'n amlwg fod i'r ddrama Gymraeg gryn apêl yn Aberdâr ar ddechrau'r tridegau a thystiai Rhys Puw iddi ennill ffafr yno er pan gynhaliwyd y gystadleuaeth ddrama gyntaf yn y dref yn 1912, pan ddyfarnwyd Cwmni Gwaelod-y-garth yn orau wedi iddynt actio *Asgre Lân*, drama eu gweinidog, y Parchg. R.G. Berry.[9] Prawf arwyddocaol o'r enw a enillasai Aberdâr ledled Prydain fel un o dai brwd y ddrama amatur yw'r ffaith mai yno, yn y Coliseum, yn

ystod yr wythnos olaf yn Chwefror, 1947, y
gwelwyd atgyfodi 'The National Festival of
Community Drama' wedi'r rhyfel gan
Gynghrair y Ddrama Brydeinig. Fel y
dywedodd C.B. Purdom, roedd yr ŵyl yn sicr
o groeso cynulleidfa brwdfrydig yn ne Cymru,
'. . . for nowhere is there more spontaneous
dramatic activity'. Ni fyddai'r cefnogaeth yn
brin: 'In South Wales before and during the
war, a week's festival of plays had become a
looked-for annual event in many of the mining
towns, and it is usual for a whole week's
booking to be sold out to the town's
inhabitants within a few hours of the opening
of the box-office'.[10]

Dyna godi cwr y llen ar boblogrwydd mawr
'chwarae drama' yn y Gymru Gymraeg i lawr
hyd at yr 1950au, a'r syndod yw fod y 'diffyg
ymchwil manwl a chynhwysfawr i geisio
cloriannu hanes y cyfnod' a nodwyd gan Elan
Closs Stephens eto heb ei gywiro. Ers
cyhoeddi cyfrol wir ddefnyddiol O. Llew
Owain – ffrwyth cystadleuaeth yn Eisteddfod
Genedlaethol Bangor, 1943 – ac arolwg hylaw
Elsbeth Evans yng Nghyfres Pobun, *Y Ddrama
yng Nghymru* (1947) – dwy gyfrol sy'n
llawnach astudiaethau nag a gafwyd gan T.J.
Williams, *Hanes y Ddrama Gymraeg* (1915)
ac Olive Ely Hart, *The Drama in Modern
Wales* (1928) – nid oes neb rhwng cloriau
cyfrolau wedi ceisio olrhain yn feirniadol yng
ngoleuni ysgolheictod drama diweddar dwf, a
diffyg twf, y ddrama Gymraeg yn ystod ei
'Hoes Aur'. Hawdd y gallai Elan Closs
Stephens ddweud fod 'y modd y diystyrir y
cyfnod cyn 1950 yn hanes y ddrama yng
Nghymru yn deillio'n fwy o anwybodaeth nag
o gamddehongli bwriadol.[11] Gan ymchwilwyr,
wrth reswm, y mae'r ateb i anwybodaeth. Y
mae'r hyn sy'n bosibl, ac i'w fawr chwennych,
i'w weld yng nghyfrol ragorol Hazel Walford
Davies sy'n ymwneud â phennod nodedig yn
stori'r twf a fu, sef *Saunders Lewis a Theatr
Garthewin* (1995). Dyna'r templed ar gyfer y
math o astudiaethau sy'n rhaid wrthynt,
oherwydd pa les traethu'n 'gall' ar sefyllfa'r
ddrama yng Nghymru heb astudiaethau golau i
ganllawio'r traethu. Gorau po gyntaf y

llifoleuir y llwyfan a fu iddi gan rai y mae
theatr a drama yn faes ysgolheictod a
difyrrwch iddynt, rhai yn rhinwedd gwybod-
usrwydd, crebwyll beirniadol a phrofiad
ymarferol o'r theatr sy'n abl i ymdrin â chrefft
creu a llwyfannu drama, heb sôn am drafod
cymdeithaseg y ddrama Gymraeg yn hygyrch
ddadlennol.

Nid wyf yn anghofio fod ugeiniau o
ysgrifau ac erthyglau wedi'u hysgrifennu dros
y blynyddoedd ar wahanol agweddau ar bwnc
y ddrama, rhai ohonynt o bwys diamheuol, ac
y mae rhyw gymaint o waith ymchwil wedi'i
wneud bellach gan fyfyrwyr a fu'n dilyn
cyrsiau astudiaethau drama yn ein colegau.
Ond y mae'r angen penodol yr wyf yn cyfeirio
ato yma, yr angen am ymdriniaeth gynhwys-
fawr gyhoeddedig â'r ddrama Gymraeg hyd at
ddiwedd yr 1950au, yn dal heb ei gyflenwi.
Am ba hyd, tybed, y bydd yn rhaid dal i aros?
Er pan thatsiereiddiwyd dysg y mae ysgol-
heictod wedi'i ddibrisio gan asesiadau
masnachol sy'n mesur gwerth yn ôl maint y
cyflenwad. Y mae prifysgolion a cholegau
bellach yn ymffrostio yn amlder a lluosog-
rwydd cynnyrch fel y byddai selogion
prifwyliau Oes Victoria yn ymffrostio yng
nghyfoeth 'yr ochr lenyddol' yn ôl pwysau'r
cyfansoddiadau – yn   llythrennol!   Dan
oruchwyl-iaeth o'r fath y mae'r prosiect micro-
don yn fuddiolach na'r pwnc sy'n gofyn am
ymchwil dyfal cyn y deor – a phwnc o'r math
hwnnw yw hanes y ddrama Gymraeg. Rhaid
gobeithio y bydd cyfrol Hazel Walford Davies
yn ysbrydoliaeth i eraill.

Am fod 'Oes Aur' y ddrama Gymraeg
amatur bron â mynd yn angof y penderfynais
geisio llunio math o gofeb ffotograffig i'r
cyfnod trwy gyhoeddi casgliad o luniau
cwmnïau a roes i ddadeni llenyddol dechrau'r
ganrif wedd boblogaidd a sicrhaodd i adloniant
Cymraeg gynulleidfa fawr a fu'n driw, er
gwaethaf apêl enfawr sinema a radio, tan oes y
teledu. Yr oedd rhai ohonynt, heb os, yn well
na'i gilydd ac yn ymwybod mewn dulliau
proffesiynol â'u posibiliadau, ond mentrau
amatur oeddynt yn eu hanfod a llawer iawn
ohonynt yn gwbwl bentrefol eu huchelgais.

Sylwer, gyda llaw, gynifer o'r lluniau sy'n tystio i frwdfrydedd ymwneud capel a gweinidog â'r ddrama. Y mae'r cof am 'elyniaeth' crefydd wedi para'n hwy na'r cof am ei chefnogaeth i'r ddrama – roedd ei gelyniaeth yn fwy theatrig, wrth gwrs, fel y prawf yr hanes am ddialedd y Methodistiaid yn dilyn Cwmni Trefriw bob cam o Sasiwn Corwen i Ferthyr Tudful yn 1887. Waeth beth am hynny, fe fu'n dda i'r ddrama droeon wrth gapel a gweinidog a chofier mai crefyddolder, nid crefydd, a roes i W.J. Gruffydd, R.G. Berry, D.T. Davies, J.O. Francis ac Idwal Jones gocynnau hitio y dramâu cymdeithasol heriol a gyffrôdd gynulleidfaoedd ledled y wlad.

Wrth syllu ar y lluniau a ddaeth trwy'r post yn eu degau yn ateb i'm hapêl, sylweddolais gymaint o'n hanes cymunedol yn yr ugeinfed ganrif sydd ynghlwm wrth awydd a gallu'r cwmni drama lleol i hoelio sylw gwerin gwlad 'ar lwyfan awr', cwmnïau, i enwi ond dyrnaid o enghreifftiau, megis Cwmni Dan Matthews, Cwmni'r Ddraig Goch, Caernarfon, Cwmni Cymdeithas y Ddrama Gymraeg, Abertawe, Cwmni Glandŵr, Cwmni Cefnddwysarn, Cwmni Bodffari, Cwmni Llannerch-y-medd, Cwmni'r Maerdy, Cwmni Trecynon, Cwmni Resolfen, Cwmni'r Gwter Fawr, Cwmni Glan-y-môr, Pwllheli a Chwmni Edna Bonnell. Cymaint hwyl thesbaidd, cymaint ymorchestu diniwed, cymaint trwstaneiddiwch – ie, a chymaint dawn ddiamheuol hefyd a amlygwyd ar lwyfannau lawer gan 'y mwyn gymdeithion' sy'n syllu arnom ni sydd yr ochr hon i oleuadau godre hanes. Nid oedd y cwmni lleiaf graenus heb ei arwyddocâd fel y sylwodd Leo Baker yn gofiadwy un tro: 'History spoke through them, too . . . They did not know enough to act, only enough not to stand in the way of their own natural endowment of life and history'.[12]

Yn eu plith, y mae rhai a oedd yn eu dydd yn 'enwau' cyfarwydd y gellid dibynnu arnynt i dynnu cynulleidfa, rhai sy'n haeddu sôn amdanynt yn werthfawrogol mewn unrhyw gyfrol a fydd yn adrodd hanes yr 'Oes Aur' honno. Ac nid actorion yn unig

mohonynt; llawn mor deilwng i'w cofio yw'r cynhyrchwyr gynt. Yn wahanol i Saunders Lewis na fu fawr ddim cyswllt ymarferol rhyngddo a'r cwmni lleol, ymroes Cynan a John Gwilym Jones i'w hybu ac y mae rhagoriaeth eu cyfraniad eisoes yn hysbys ddigon. Ond o ran eu tras ni raid petruso enwi ochor yn ochor â hwy Dan Matthews, Gwynfor, J.P. Walters, Ernest Hughes, D.R. Hughes, Clydach Thomas, W. Lloyd Davies, John Ellis Williams, Emrys Cleaver, J.J. Williams, y Parchg. R.E. Dennis, Stephen J. Williams, D. Haydn Davies, D.R. Davies, Jack Jones, Dai Williams, Charles Williams, Magdalen Morgan, Cassie Davies, Ceridwen Owen, Mary Lewis – a Norah Isaac a D.J. Thomas sy'n dal yn ein mysg, y naill yn 84 oed ac yn tystio i oes o ymserchu yn y ddrama a ddechreuodd yn yr 1920au pan oedd yn blentyn yn y Caerau, a'r llall yn 88 oed ac yn gallu edrych yn ôl dros flynyddoedd o gynhyrchu dramâu i BBC Cymru a Chym-deithas y Ddrama Gymraeg yn Abertawe.

Fe fydd dweud eu stori yn golygu dilyn troeon y ddrama trwy gystadlaethau a pherfformiadau yr Eisteddfod Genedlaethol, adrodd hanes y Gwyliau Drama – cystadleuol ac anghystadleuol – a gynhaliwyd yn y de a'r gogledd, trafod yr Wythnosau Drama mewn mannau fel Coleg Harlech a'r Cilgwyn pan ddarperid cyfle i'r selogion ddysgu am wahanol ofynion actio a llwyfannu, ystyried y dylanwad a gafodd y colegau ar y mudiad drama a chodi trywydd y dyheu am Gwmni Cenedlaethol a Theatr Genedlaethol a adawyd gan Howard de Walden rhwng ei ddyfod i'r Waun yn 1912 a'i farw yn 1946. Y mae'n syndod nad oes cymaint â monograff i gydnabod de Walden, y thesbiad tra goludog a ddenodd, yn yr 1930au, 'National Winner' o adroddreg o'r enw Meriel Williams o Langennech i Blas Newydd yn Llangollen i fod yn gyfarwyddreg artistig 'Y Chwaraedy Cenedlaethol Cymreig' byrhoedlog, ac ar sail awdurdod ei 'Dip. RADA' geisio rhoi tafod Sais yng ngheg Cymro mor golledig â Meredith Edwards![13]

Meriel Williams   Howard de Walden

Daeth yr Ail Ryfel Byd i chwalu'r fenter, fel y chwalwyd yr un gyntaf gan Ryfel 1914-18, a phriododd Meriel Williams a mynd i Sbaen i fyw. Ganwyd iddi, yn briodol ddigon, fab o Dori, Tristan Garel-Jones, un o'r 'cynllwyn-wyr' a ddarparodd frad Mrs. Thatcher mewn drama Jacobeaidd a fu'n achos llawenhau ledled Prydain wâr. Diolch iddi am sicrhau un 'national triumph' digamsyniol Brydeinig – a hwyrach mai priodol yw nodi yn y cyswllt hwn iddi wneud ei marc yn rhan Arglwyddes Macbeth pan gynhyrchodd y perfformiad cyntaf o gyfieithiad T. Gwynn Jones gan Gwmni Chwaraedy Cenedlaethol Cymru, Llangollen yn Llanelli, 11-14 Ebrill 1938. Pa ryfedd i'w chyw hi, a fu am gyfnod yn un o fois pentref Llangennech, yn grwtyn Cymraeg, hwyluso tranc y Fonesig Thatcher.

Ond mewn difrif, y mae'n syn fod noddwr mor barod ei wario â Howard de Walden heb gofiant iddo. Ei wobrau canpunt ef rhwng 1912 ac 1913 a roes fod i *Change* (J.O. Francis), *Ar y Groesffordd* (R.G. Berry), *Ephraim Harris, Ble Ma Fa?* a'r *Dieithryn* (D.T. Davies), a'i arian ef a ddaeth â Komisarjevski i Brifwyl Caergybi yn 1927 i gynhyrchu *Yr Ymhonwyr* (Ibsen, cyf. J. Glyn Davies a D.E. Jenkins), a'r Dr. Stefan Hock i Lerpwl yn 1929 i gynhyrchu *Llwyfan y Byd* (Hugo von Hoffmannsthal, cyf. T. Gwynn Jones), i Wrecsam yn 1933 i gynhyrchu *Pobun* (von Hoffmannsthal, cyf. T. Gwynn Jones) pan welwyd Clifford Evans yn y brif ran, a thrachefn i Ddinbych yn 1939 i gynhyrchu *Ein Tywysog Olaf* (addasiad Kate Roberts o ddrama D.W. Morgan) pan welwyd Hugh Griffith a Nesta Harris ar y llwyfan. Dywedir i *Pobun* yn unig gostio £10,000 iddo – yn 1933! – swm na wariwyd dim tebyg iddo ar y ddrama Gymraeg nes y daeth Cyngor Celfyddydau Cymru i'w deyrnas, ac y mae'n rhaid ei fod yn ddiolchgar i Sybil Thorndike a'i canmolodd yn hael am sicrhau perfformiad a oedd iddi hi yn 'truly exciting, not-to-be-missed experience'. Yn ei barn hi, dim ond cwmni o actorion o'r radd flaenaf a allasai ragori arno ac ymfalchïai iddi fod yn dyst i ddigwyddiad arwyddocaol, 'full of hope and most stimulating'.[14]

Yn y llythyrau a ddaeth gyda'r lluniau mae ambell atgof sy'n taro tant yr hwyl gynt – cyffro'r perfformio a'r teithio, egni'r ymroi – y mae'r cyfan yn fyw gan fwynhad ac yn nawsio o falchder di-falch yn yr hyn a gyflawnwyd. Cyn bod *Pobol y Cwm* yr oedd difyrrwch perfformiadau'r cwmnïau lleol ac y mae'n ddiamau na fyddai'r dramâu a lwyfennid ganddynt a'r actorion a chwaraeai ynddynt yn cymharu'n anffafriol â'r gwaeau a'r cast sydd bellach yn gyrru aflawenydd beunosol ein hopera sebon genedlaethol. A fu erioed yn holl hanes y ddrama Gymraeg fodau diflasach na thrigolion bustachlyd presennol Cwmderi sy'n ymborthi'n ddiddiwedd ar chwydfeydd ei gilydd? O leiaf fe gafodd Caradoc Evans sbort.

Gwnaeth darllen y llythyrau i mi gofio'r sgwrs radio a glywais rhwng Cynan a John Williams, Ty'n-y-fawnog, sgwrs a ddarlledwyd gyntaf yn 1941, pan oedd John Williams yn 80 oed ac yn sôn am ei gampau yn yr 1880au gyda Chwmni y Ddraig Goch, Llanberis pan actiai Lyndŵr, Iolo Goch a Harri IV yn *Owain Glyndŵr* (1879) Beriah Gwynfe Evans. Cofiai ei rannau o hyd a gallai fanylu am helyntion y teithio o gwmpas y gogledd yn yr hen fws bach a dynnwyd gan ddau stalwyn – cast o

bymtheg heb le i anadlu a'r 'paraffernalia' ar y to. Roedd gwrando arnynt yn ei gwneud hi'n hawdd credu y byddai'r gynulleidfa fore honno yn ymgolli'n llwyr yn y chwarae ar brydiau, ac y byddai gwraig o Bengelli, wedi gweld Meredydd Delynor yn trechu'r adyn, Gruffudd ap Gwenwynwyn, mewn 'duel' yn ystod perfformiad o *Llewelyn Ein Llyw Olaf* (Beriah Gwynfe Evans) gan Gwmni Operatig Llan-samlet yn Sgiwen yn 1884, *wedi* rhuthro allan i'r stryd i sgrechain fod J.S. Davies, Clydach wedi llall J.T. Davies, Pengelli![15] Ac rwyf yr un mor barod i gredu stori Emrys Cleaver am Gwmni Coleg Diwinyddol Aberystwyth yn actio *Beddau'r Proffwydi* yng Ngholeg Y Bala, pan ddaeth bloedd o'r cefn wrth i Emrys yn y tloty bwyntio pistol at y Gwarcheidwaid – 'Saetha'r diawliaid! Saetha'r diawliaid!'[16] Dyna 'total audience involvement' cyn bod sôn am Brecht.

Cefais glywed gan Emyr Jones mai 'dramodau' y Parchg. William Pritchard, Pentraeth – cofiannydd John Elias o Fôn! – fu

Tranc Gruffudd ap Gwenwynwyn.

dechrau'r ymddifyrru mewn drama yn Rhoscefnhir, Môn ar ddiwedd y ganrif ddiwethaf ac iddynt ysbarduno Grace Thomas, a enillodd Fedal Aur Cymanfa Gyffredinol y Methodistiaid yn 1899 pan gafodd y marciau uchaf yn eu harholiad blynyddol, i ysgrifennu dwy ddrama a fu'n boblogaidd iawn am gyfnod, sef *Trech Gwlad nag Arglwydd* a *Cyfoeth Ynte Cymeriad*. Esboniodd Ifor Owen fod R. Williams Parry yn mynnu cuddio'i wyneb y tu ôl i farf pan dynnwyd llun Cwmni Cefnddwysarn am fod yn gas ganddo gamera – oni wnâi 'Y Farf a'r Ddrama Gymraeg' destun traethawd PhD trwchus? – ac ychwanegodd mai un gwael ydoedd hefyd am ddysgu ei ran. Ar ôl straffaglio trwy ddarn gweddol faith mewn un perfformiad, troes at y gynulleidfa a dweud, 'Neu rywbeth tebyg i hynyna'. Roedd Olwen Griffith yn dal i gofio Cwmni Capel Bethel (MC), Rhewl yn perfformio hyd at deirgwaith yr wythnos ar adegau mewn neuaddau gorlawn ac yn teithio yn ystod ac ar ôl yr Ail Ryfel Byd yn lori wartheg Harold Bartley o Gaerwys 'mewn distawrwydd a thywyllwch rhag tynnu sylw at y ffaith fod petrol yn cael ei ddefnyddio at bwrpas anghyfreithlon'. Cofio bod yn ddisgybl yn Ysgol Ramadeg Tregaron pan oedd y prifathro, S.M. Powell, D. Lloyd Jenkins a Dai Williams yno gyda'i gilydd i danio diddordeb yn y ddrama, a wnâi Valmai Owen, a dal i ymarswydo a wnâi Gweneirys Jones wrth feddwl sut y bu Rhiannon Davies Jones bron â mynd yn aberth i'r 'express' pan groesai aelodau o Gwmni Drama Coleg y Brifysgol, Bangor y cledrau yn Hen Golwyn: 'Eiliad neu ddau oedd rhyngom â cholli *Lleian Llanllŷr, Fy Hen Lyfr Cownt*, a'r nofelau eraill'. Y mae'r pigion hyn yn dweud cymaint am ddiléit y llythyrwyr yn eu hatgofion a siawns na chaf faddeuant am gynnwys un arall gan Gardi, Oliver Williams, sy'n cofio'r 'mynd' a oedd ar y ddrama yn 'Llambed' wedi'r rhyfel: 'Pan fyddai un i'w pherfformio yn Neuadd Fictoria roedd "ciw" yn ffurfio tu allan tua saith y bore, er mwyn sicrhau tocyn am naw. Anghygoel erbyn hyn'. Ie, bron mor anhygoel â'i fost mai ef oedd y cyntaf erioed i goluro Siân Phillips pan ddaeth Eic Davies â'i gwmni i un o eisteddfodau'r Urdd yn Abergwaun yn ddigolur.

Y mae'n dda gennyf gael diolch yn arbennig i rai o'r cymwynaswyr am adael imi gael elwa ar eu hymchwil. Roedd yn bleser cael darllen darlith Huw Roberts ar 'Yr Eisteddfod a'r Ddrama' a rhannu ei atgofion am ei ran, fel actor a chynhyrchydd, ym mherfformiadau rhagorol Cwmni Glan-y-môr, Pwllheli yn ystod y 50au. Cefais ganddo'n ogystal un atgof bore oes sobreiddiol. Roedd ei fam, a aned yn 1879, yn hoff o'r ddrama ac yr oedd ganddi gyfeilles a oedd yn fwy brwd na hi. Clafychodd y druanes honno ac aed â hi i'r Seilam yn Ninbych. Unwaith, ymhen blynyddoedd, ar ôl ymweld â hi dywedodd ei fam wrtho, 'Yr hen Ap Glaslyn 'na ddaru'i difetha hi, wsti'. Sôn am ddrama! Ap Glaslyn, sef y Parchg. John Owen wedi hynny, oedd 'seren' Cwmni Trefriw a aeth ar y daith hanesyddol honno i'r De yn 1887. Bu farw yn Llanbradach yn 1934. Beth wyddai gwŷr y Sasiwn?

Pleser, hefyd, oedd darllen traethawd Emily Glyn Cannon ar 'Hanes y Ddrama Gymraeg yng Nghricieth o ddechrau'r ganrif tan 1976', a rhannu diddordeb gweithgar Paul Griffiths yn stori'r ddrama yn Nolwyddelan fel y dilynodd hi o 1920 tan 1950 yn *Y Rhedegydd* a'i chroniclo ar bapur a thâp fideo. Ac yn yr un modd cefais flas ar ddarllen yr adroddiadau am Gwmni Orllwyn (Henllan) rhwng 1928 ac 1934 fel y'u codwyd o'r *Tivy-Side Advertiser* gan Reggie Evans, a braslun Ithel Wyn Jones o weithgareddau Cwmni Ceredigion ar ôl ei ffurfio yn 1956 a'i gyfarwyddo mor effeithiol gan Mary Lewis. Pan ddaw mwy o'u tebyg i ymchwilio fe osodir seiliau ar gyfer llunio'r cyfrolau ar hanes y ddrama y mae cymaint o'u hangen.

Penderfynais gyflwyno'r detholiad hwn o'r lluniau a ddaeth i law mewn trefn gronolegol fesul degawd, gan gredu y cawn faddeuant am gynnwys ambell lun na allwn mo'i ddyddio'n gymwys na chynnig fawr mwy o wybodaeth amdano nag enw'r cwmni. Ceisiaf faddeuant, yn ogystal, am gynnwys ambell lun sydd braidd yn ddiraen ei wedd am fy mod o'r farn

CARATACUS. ROME HATH NO FRIENDS! THE LICTOR'S AXE BEATS DOWN ALL LAWS AND LIBERTIES OF NATIONS FREE!

(Caradog. Na! Nid oes gyfaill mwy i Rufain falch! Myn wneuthur pob rhyw bobl rydd yn gaeth!)

Caradog.

ei fod yn helpu i adlewyrchu lledaeniad cyffredinol y diddordeb yn y ddrama yn y cyfnod dan sylw. Gwaetha'r modd, y mae lluniau mewn papurau newydd y bu'n rhaid eu hepgor am nad oes modd eu hatgynhyrchu'n foddhaol, ond rwy'n gobeithio i mi godi'r llen ar y cwmnïau a fu wrthi mewn pentref a thref, capel a choleg, aelwyd yr Urdd ac eisteddfod, ac y bydd yn dda gan garedigion y ddrama heddiw weld ar ddiwedd y sioe rai o'r 'sêr' gynt yn dod ymlaen wedi'r chwarae i'w cymeradwyo unwaith eto. Dyna'u haeddiant. Y mae'n amlwg o gofio'r 350 o gwmnïau yr oedd John Ellis Williams yn gohebu â hwy yn 1939 fod ugeiniau lawer o luniau heb eto ddod i olau dydd ac y mae'n siŵr ar ôl i'r gyfrol ymddangos y caf glywed droeon am luniau y buasai croeso imi gael eu benthyg petai eu perchenogion *ond* wedi clywed am fy apêl. Bydd gofyn wrth ras ataliol bryd hynny.

Cyn dechrau'r drefn gronolegol rhoddwyd y lle blaenaf, megis prolog, i gasgliad o luniau sy'n dangos pa mor ddyledus fu'r ddrama i nofelau Daniel Owen. Fel y dangosodd D. Tecwyn Lloyd dro'n ôl, fe lwyfannwyd

fersiynau drama ohonynt 829 o weithiau rhwng 1909 ac 1937, ac y mae'n sicr na fyddai'r ddrama Gymraeg wedi trechu'r rhagfarn gynnar yn ei herbyn mor gyflym pe na chawsai farchogaeth ei 'boblogrwydd daionus' ef.[17] Ni olyga hynny fod eisiau digowntio 'spectaculars' Beriah Gwynfe Evans – *Llywelyn Ein Llyw Olaf* (1883), *Caradog* – a'r fersiwn Saesneg, *Caractacus* (1904), *Glyndŵr, Tywysog Cymru* (1911) ac *Esther* (1914) – y mae iddo'n sicr statws arloeswr ac fe ddylai ei ddrama gyfoes, *Ystori'r Streic* (1904), fod wedi'i hactio'n llawer amlach yn ei dydd. Chwiliais yn ofer am lun o gwmni a'i llwyfannodd, ond ei 'spectaculars' a gafodd sylw'r camera.

Erbyn 1904, fel y dengys cartwnau *Papur Pawb*, roedd y ddrama yn atyniad cynyddol ac yr oedd fersiwn drama J.M. Edwards o *Rhys Lewis*, yn arbennig felly, wedi concro. Pan rwystrwyd Cwmni Trefriw gan orchymyn Sasiwn Corwen rhag cael cynulleidfa ym Merthyr yn 1887, bu'n rhaid iddynt, yn ôl tystiolaeth Ap Glaslyn, droi'n barti dirwest er mwyn talu eu ffordd ac ar ôl adrodd 'Mae'r meddwyn yn ddyn' mewn capel yn Nowlais, 'Cyffyrddodd yr adroddiad â chalon Llew Llwyfo, nes iddo weiddi "Bravo, bravo".' Fel Wil Bryan, gosodai'r Llew yntau bwys ar fod yn 'True to nature'. Ac fel Rhys Puw yn *Y Ford Gron* gallaf innau ddweud wedi darllen atgofion Ap Glaslyn: 'Caraswn fod wedi gweld y wagen honno yn mynd trwy'r strydoedd [yn Aberdâr], a chwmni Trefriw wedi eu gwisgo mewn dillad tebyg i wisg Punchinello ac yn cyhoeddi nerth eu cegau fod perfformiad am geiniog y pen i'r plant yn y prynhawn, ac un arall ar y telerau arferol i'r rhai mewn oed yn yr hwyr'.[18]

Gellir dychmygu teimladau Ap Glaslyn a'i gyd-actorion pan ddychwelasant i'r Gogledd a darganfod fod myfyrwyr Coleg Y Bala yn cael hwyl ar berfformio *Rhys Lewis*. Pam nad oeddent hwythau'n troseddu yn erbyn Y

Gyffes Ffydd a waharddai 'chwaraeydd-iaethau'? Roedd Cwmni Trefriw wedi cael sêl bendith (Syr) Henry Jones ac yr oedd rhai o'r cast hyd yn oed wedi teithio i Birmingham a mannau eraill 'i'w cyfaddasu eu hunain at y gwaith o berfformio drama' – ac fe'u rhwystrwyd gan gulni.[19]

Ond ni bu eu taith i'r De yn ofer. Cododd cwmni yn Nhonpentre yn sgil eu hymweliad ac erbyn 1909 yr oedd Cwmni Daniel Owen yn Aberdâr yn teithio i Gaerdydd i actio *Rhys Lewis*, drama a oedd 'Mor bur â'r efengyl, mor ddifrifol â bywyd, ac mor ddifyr â difyrrwch'.[20] Ac yr oedd W.J. Gruffydd, R.G. Berry, D.T. Davies a J.O. Francis wedi penderfynu dilyn trywydd Ibsen – a Daniel Owen, cofier – a chreu dramâu a heriai'r Cymry i ddechrau edrych mewn difrif ar fyd a bywyd.

NODIADAU

[1]Elan Closs Stephens, 'Drama', yn Meic Stephens (gol.), *Y Celfyddydau yng Nghymru 1950-75* (Caerdydd, 1979), 251.

[2]ibid., 256.

[3]Hywel Teifi Edwards, *Codi'r Hen Wlad yn Ei Hôl 1850-1914* (Llandysul, 1989), 285-315.

[4]idem., *Lle Grand am Ddrama: Abertawe a'r Ŵyl Ddrama Gymraeg, 1919 – 1989* (Darlith Flynyddol BBC, Cymru, 1989).

[5]Emrys Cleaver, 'Milltiroedd o Lwyfan', *Llwyfan*, Rhif 10, Gwanwyn/Haf, 1974, 3-7.

[6]John Ellis Williams, *Inc yn fy Ngwaed* (Treforys, 1963), 13-14, 34, 78-86; Meredydd Evans (gol.), *Gŵr wrth Grefft. Cyfrol Deyrnged i J. Ellis Williams* (Llandysul, 1974).

[7]*Y Ford Gron*, 1, (Tach. 1930-Hyd. 1931), rhifyn i, 20.

[8]ibid., 1, rhifyn iv, 18 a IV (Tach.1933-Hyd. 1934), 64.

[9]ibid., IV, 88.

[10]C.B. Purdom, 'The Festival Revival', *Drama*, 1-15 (1946-9), Summer 1947, 12-19.

[11]Elan Closs Stephens, op. cit., 256 (nodyn 1). Y mae astudiaeth Huw Ethall, *R.G. Berry – dramodydd, llenor, gweinidog* (Abertawe, 1985) yn enghraifft dda o ymdrin adeiladol ag un o'n dramodwyr cynnar. Mae angen mwy o'i bath.

[12]Leo Baker, 'The Rural Scene', *Drama*, Autumn 1946, 31.

[13]Meredith Edwards, *Ar Lwyfan Awr* (Abertawe, 1977), 42.

[14]Elan Closs Stephens, op.cit., 257 (nodyn 4); *Drama*, 12, No.1 (October, 1933),6.

[15]Hywel Teifi Edwards, *Codi'r Hen Wlad yn ei Hôl 1850-1914*, 232.

[16]Emrys Cleaver, op. cit.,5.

[17]D. Tecwyn Lloyd, 'Daniel Owen ar y Llwyfan, 1909-1937', *Llên Cymru*, X (Ion.-Gorff., 1968), 59-69.

[18]*Y Ford Gron*, IV, 184.

[19]ibid., 157

[20]ibid., 115.

DANIEL OWEN
AR Y
LLWYFAN

Cwmni Trefriw a fu'n actio *Rhys Lewis* yn 1886 ac a aeth ar daith helyntus i'r de yn 1887.

(Cefn) Francis Williams, Willie Williams, Ap Glaslyn, Hugh Owen, D.D. Parry, W. Wynne.
(Blaen) R. Hughes, J.O. Jones, Miss M.Thomas, Miss H. Francis, R.H. Williams.

Cwmni Treffynnon a fu'n actio *Rhys Lewis* yn 1886 dan gyfarwyddyd J.M. Edwards a addasodd y nofel ar gyfer y llwyfan.

Cwmni Llanuwchllyn a fu'n actio *Rhys Lewis* ar ddechrau'r ganrif. (Nodir y cymeriadau.)

(Cefn) James y cipar, Sergeant Williams, Marged Pitars, yr Athraw, Miss Hughes, Wil Bryan, Williams y stiwdent, Bob Lewis.

(Blaen) Tomos Bartley, Barbara Bartley, Rhys Lewis, Mari Lewis.

Cwmni Llansannan a fu'n actio *Rhys Lewis* c.1910.

Cwmni Tregaron a fu'n actio *Rhys Lewis* c.1913

(Cefn) Evan Edwards, Dan Jones, W.D. George, E. Caron Evans, Maggie Davies, T.A. Jones, Mary Blodwen
Evans, Dan Teiliwr, Morgan Jones.

(Blaen) Nellie George, John D. Jones, Jano Lloyd, S.M. Powell (prifathro nodedig Ysgol Ramadeg Tregaron
a oedd i briodi Jano Lloyd).

Priododd Dan Jones, y Parchg. Dan Jones, gweinidog Bwlchgwynt (MC) yn ddiweddarach, â Mary
Blodwen Evans.

Cwmni Dewi Sant, Nazareth (MC), Tonpentre a fu'n actio *Enoc Huws* yn 1913.

Yn ôl Luned Tudno roedd y rhan fwyaf o'r cast yn 'Gardis' ac yn perthyn iddi. Ei thad, Edward Howells,
yw'r gŵr (3ydd o'r dde) yn y rhes gefn a'i frawd ef, Tom Howells, LTSC sydd ar y dde eithaf. Yn y rhes
flaen cefnder ei thad, Milwyn Howells, yw'r 1af ar y chwith, ei mam, Ruth Howells, yw'r 4ydd o'r chwith a
chwaer ei mam, Ann Howells, sydd ar y dde eithaf. Y mae chwaer arall i'w mam, Elisabeth Williams, yn
sefyll wrth ymyl ei thad.

Cwmni Llanfihangel Glyn Myfyr a fu'n actio *Enoc Huws* c.1916.

(O'r chwith) Miss Annie Roberts (Susi Trefor), Harri Edwards (Enoc Huws), Hugh E. Jones (Y Parchg. Obediah Simon), Miss J.H. Jones (Mrs. Trefor), J.E. Edwards (Capten Trefor).

(O'r chwith) John E. Williams (Sem Llwyd), J.E. Edwards (Capten Trefor), Miss Annie Roberts (Susi Trefor), Harri Edwards (Enoc Huws), Miss J.H. Jones (Mrs. Trefor), W.H. Jones (Mr. Denman).

Cwmni Carmel, Aberafan a fu'n actio *Y Dreflan* adeg Rhyfel 1914-18.

Cwmni Llanddewibrefi a fu'n actio *Rhys Lewis* yn 1919.

(Cefn) Ned y Pant, Dai Coed-y-gof, Diana Prysg, John Day Prysg, Mary Llanio Isaf, Johnnie Bristol, Johnnie Morgan.

(Blaen) Mary Bronhelen, Gwenny Ficer, Dan Evans, Bear, John Manarafon, Katie Foelallt Arms.

Cwmni Calfaria, Y Garnant a fu'n actio *Rhys Lewis* c.1919.

(Cefn) David Evans, David James, W.J.Jenkins (arweinydd y gân), Henry Morgan (ysgrifennydd y capel), Cecil Davies.
(Y 3edd res) Abraham Jones, ? Jones, Tom Harry (cynhyrchydd), Elizabeth Harry, Tom Morris, ? , David Joseph Jones, Evan Llewelyn, Ednyfed Thomas.
(yn eistedd) Maude James, Mrs. W.J. Williams, Alice Morgan, ? , D. Myrddin Davies (gweinidog y Tabernacl, Caerdydd yn ddiweddarach). Mrs. W.J. Jenkins, Ivor Phillips, May Morgan, Elsa Morgan.
(Blaen) ? , ? , Gerwyn Thomas (darpar QC), Iorwerth Thomas, Henry Davies.
Ymgorfforai Tom Harry ddiwylliant y capel ac yn 1917 enillodd gystadleuaeth yr Her Adroddiad yn Eisteddfod Genedlaethol Penbedw – prifwyl 'Cadair Ddu' Hedd Wyn.

Cwmni Bethesda (MC), Yr Wyddgrug a fu'n actio *Rhys Lewis* yn 1922.

(Cefn) James Hughes, Gordon Jones, Owen Roberts, J.E. Morris, Hilda Humphreys, Eddie Peters, Richard Jones.

(Blaen) Mabel Owen, Miss H.M. Hughes, John Rich (cynhyrchydd), Mrs. T.E. Morris, Jennie Jones, William Rees Roberts.

Y mae 'traddodiad' fod cwmni drama yng nghapel Bethesda yng nghyfnod y Parchg. Roger Edwards ei hun. Byddai hynny mor briodol o gofio'i ddylanwad ar Daniel Owen.

Cwmni Nant-y-gro, Gronant, Sir Fflint a fu'n actio *Enoc Huws* c.1923.

1900 – 1909

Cwmni'r Wesle Fach, Pontarddulais (cwmni cynnar Dan Matthews) a fu'n actio *Jack y Bachgen Drwg* yn 1901. Dan Matthews (rhes flaen – y dde eithaf) oedd 'Jack' wrth gwrs.

Cwmni Ponterwyd a ffurfiwyd yn ystod degawd cynta'r ganrif. Gellir enwi'r actorion ond gwaetha'r modd ni ellir (hyd yn hyn) enwi'r ddrama. Y mae'n llun ardderchog.

(Cefn) Daniel Rowlands, Abraham Jones.

(Canol) David Jones, Llewelyn Lewis, Tom Evans, T.J. Morgan, R. Lloyd Jones (ysgolfeistr).

(Blaen) Elizabeth G. Morgan, Iorwerth M. Jones, Elizabeth J. Evans, ?, Mrs. Mobley, Dorothy (?) Mitchell.

Yn un o frodorion Waunfawr, Caernarfon daethai R. Lloyd Jones yn syth o Goleg Prifysgol Aberystwyth i fod yn ysgolfeistr ym Mhonterwyd yn 1896. Treuliodd ei oes yn y fro – yn flaenor, yn arweinydd y gân ac yn fardd. Daeth â'r diddordeb yn y ddrama gydag ef o'r coleg.

Cwmni Dolwyddelan yn ystod degawd cynta'r ganrif. Honnir fod cwmni yn y pentref mor gynnar ag 1900.

(Cefn) R.H.Evans, William Price, Owen Lloyd (ef oedd y 'comic'), John Davies.
(Canol) William Griffiths, ? , ? , Dafydd Owen.
(Blaen) Hugh Llew Roberts, Maggie Price Bach, Edward Roberts, ? , Emily Owens, Ellis Jones.

Ymddangosodd y llun yn *Yr Herald Cymraeg*, Awst 1971, ond ni chofiai Mrs. L. Lloyd Jones, Bangor, pa bryd yn union y'i tynnwyd na pha ddrama a actiai'r cwmni. Cofiai fod ei thad yn amau'r ddrama ond roedd ei mam, fel y gynulleidfa'n gyffredinol, wrth ei bodd.

Cwmni Bethlehem (A), Sanclêr a ffurfiwyd, y mae'n fwy na thebyg, yn ystod degawd cynta'r ganrif yn actio
Ddoe a Heddyw

Cwmni Pentrefoelas a fu'n actio *Y Saswn yng Nghymru* yn ystod blynyddoedd cynnar y ganrif.
(cefn) C.O. Thomas, W. Ellis, W. Hughes, W. Owen.
(canol) Thomas Jones (cyfaill T. Gwynn Jones), T. Owen, J. Williams, Thomas Evans, Hugh Hughes, W.J. Roberts, R. Ellis.
(Blaen) Lewis Thomas, Mrs Evans (Betws), Mrs Jones, Peter Lloyd.

'Y Canorion' a ffurfiwyd gan John Lloyd Williams yng Ngholeg Prifysgol Bangor yn 1907 ac a fu'n perfformio *Aelwyd Angharad*, y ddrama-gerdd hynod boblogaidd a gyfansoddodd ar y cyd â Llew Tegid. Saif Llew Tegid ar y chwith eithaf yn yr ail res a saif John Lloyd Williams ar y dde eithaf.

Cwmni Cricieth a fu'n perfformio *Aelwyd Angharad*, c.1908. Yr ail o'r chwith yn y rhes gefn (i'r chwith o'r hen wraig) yw Gwilym Lloyd George.

1910 – 1919

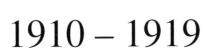

Cwmni Calfaria (B), Y Gilfach-goch, c.1910-12.

Cwmni Rhoscefnhir a fu'n actio *Cyfoeth ynte Cymeriad*,1910-11.

(Cefn) Huw Parry, Huw Owen, Ivor Thomas (?), T.J. Roberts, Huw Arthur Roberts.
(3edd res) May Lewis, David Roberts, Glyn Morris, Dora Thomas, Owen Hughes.
(2il res) Gwilym Owen, Joseph Thomas Evans, Grace Thomas (y dramodydd), Annie Thomas, Ernie
    Thomas, Mrs. Williams (Police Station, Pentraeth).
(Blaen) Jane Grey, Gwladys Williams, Tomi Owen.

Cwmni Tabor (MC), Maesteg c.1910-15.

Cwmni Cymdeithas Gymraeg Coleg Prifysgol Caerdydd a fu'n actio *Y Bardd a'r Cerddor* yn 1911.

Dan sbardun W.J. Gruffydd (ar y dde eithaf yn y cefn), Ernest Hughes (sydd â'r ffon yn ei law) a Henry Lewis (sy'n eistedd y 1af ond un ar y dde) rhoddwyd hwb i fudiad y ddrama.

Cwmni Salem (MC), Pwllheli a fu'n actio *Owen Glyndwr* (Pedr Hir) yn 1912.

Y mae'n drawiadol fod cwmni capel mor 'broffesiynol' eu hagwedd at y ddrama mor gynnar yn y ganrif. Chwaraewyd rhan 'Glyndŵr' gan John Ellis, New St., yr 'Arglwydd Grey' gan Thomas John Jones, 'Iolo Goch' gan W.H. Roberts, 'Dafydd Gam' gan John Page Roberts, 'Sir Edmund Mortimer' gan John Rowlands, 'Gruffydd ap Dafydd' gan Robert Jones, 'Brenin Lloegr' gan R.Murray neu Mr. Richard Davies, 'Abad' gan R. Barker Jones, 'Meredydd' gan Ritchie Lloyd Ellis, 'Llewelyn' gan R. Davies Roberts, 'Marged' gan Miss Lloyd Evans (ysgolfeistres), 'Jane' gan Miss M. Owen Jones, Argraig, 'Angharad' gan Miss Jennie Roberts, Isfryn a 'Nest' gan Miss E. Roberts, Bryntawel.

Cwmni Llangybi yn 1912 pan oedd hwyl y ddrama yn amlwg wedi codi yn y fro.

Cwmni Penmachno a fu'n actio *Helynt Hen Aelwyd* yn 1912.

John Ellis Williams yw'r crwtyn ac wrth ei gefn saif y Parchg. Daniel Williams, y gweinidog Wesle a ddaeth â'r ddrama i Benmachno.

Cwmni Cefnddwysarn a fu'n actio *Asgre Lân* yn 1913.

(Cefn) Ellis Davies, Ellis Davies (arall), Robert Jones, John Griffiths, ? , ? , Morgan Hughes.
(Blaen) J.F. Owen (tad Ifor Owen), E.O. Humphreys (a fyddai'n Gyfarwyddwr Addysg Môn), Bob Lloyd (Llwyd o'r Bryn), Ethel Evans, R.R. Roberts, Susie Jones, ? , R. Williams Parry (cynhyrchydd gwrth-gamera!).

Cwmni Cymdeithas Gymraeg Coleg Prifysgol Caerdydd a fu'n actio *Beddau'r Proffwydi* yn y Theatr Royal, Caerdydd, 12-13 Mawrth 1913.

Y mae'r llun hwn yn cofnodi digwyddiad o wir arwyddocâd yn hanes y ddrama Gymraeg. Chwaraewyd rhan 'Emrys' gan y dramodydd ei hun, W.J. Gruffydd, sy'n eistedd yng nghanol yr ail res. Y nesaf ond un ato ar ei law chwith yw D.R. Hughes a'r nesaf ond dau ato ar ei law dde yw brawd D.R. Hughes, Ifor Hughes. Y gŵr barfog ar y chwith eithaf yn y rhes flaen yw Ernest Hughes (darlithydd ar y pryd), a'r 4ydd o'r dde yn y rhes flaen yw Henry Lewis (myfyriwr ar y pryd).

Cwmni Llanbedr Pont Steffan a fu'n actio *Cyfoeth ynte Cymeriad* yn 1913.

Cwmni Min Alun, Yr Wyddgrug a fu'n actio *Trech Gwlad nag Arglwydd* yn 1914.

Cymdeithas Ddrama Llanafan a fu'n actio *Maes-y-meillion* (D.J. Davies) yn 1914 yn ôl yr wybodaeth a ddaeth gyda'r llun ardderchog. Fodd bynnag, yn Eisteddfod Genedlaethol 1918 y gwobrwywyd y ddrama honno. Fe all mai yn 1914 y sefydlwyd y cwmni.

(Cefn) Jenny Edwards, William Jones, Mary Evans, William Evans.
(Canol) Tom Evans, J.D. Jones, Llew Evans, Gladys Jones, Evan W. Evans, Miss Benjamin (athrawes), Mr. Herring (ysgolfeistr).
(Blaen) James Hughes (cynhyrchydd), Miss Perry (athrawes), Madge Evans, John Davies, Bessie Hughes, Evan Davey Jones.

Cwmni Llangeitho yn 1914.

Cwmni'r Ddraig Goch, Caernarfon yn actio *Beddau'r Proffwydi* yn 1915.
Richard Williams ('Robert Williams'), Nell Jones ('Elin Williams') a Gwynfor ('Huw Bennett') yn yr act
olaf.

Cwmni'r Ddraig Goch, Caernarfon a drechodd 18 o gwmnïau eraill i ennill y wobr gyntaf o £25 yn Eisteddfod Genedlaethol Bangor, 1915, pan gynhaliwyd cystadleuaeth chwarae drama am y tro cyntaf. Eu dewis ddrama oedd *Beddau'r Proffwydi* ac y mae'r llun hwn o werth hanesyddol digamsyniol.

(Cefn) J. Bryan, T. Jones Owen, Pencerdd Llyfnwy, E.H. Evans, O.O. Roberts, Morgan Humphreys.

(Canol) W. Drinkwater, Miss Blodwen Williams, J.G. Roberts, Tom Jones, H.R. Phillips, Tom Edwards, J.T. Roberts.

(Blaen) T.O. Jones (Gwynfor), Miss Lally Williams, Mrs. Glaslyn Parry, Vaughan Davies, Miss K. Stythe, Miss Nell Jones, Richard Williams.

Cwmni Gwaelod-y-garth c.1915-20. Dyma'r cwmni a ddaeth yn ail yng nghystadleuaeth Prifwyl Bangor, 1915, wedi actio *Asgre Lân*, drama'r Parchg. R.G. Berry a dreuliodd oes hir yng Ngwaelod-y-garth.

Cwmni Capel Seion(A), Dre-fach, Cwm Gwendraeth c.1915

(Cefn) David Thomas, David Evans, ? , Morgan Walters (cynhyrchydd), Tom Thomas, ? , David Griffiths.
(Canol) John Roberts, Rachel Griffiths, Get Griffiths, y Parchg. David Rhydderch, Alice Walters, Ann Wilkins, Tom Rees.
(Blaen) Herbert Thomas, Ellis Thomas, Rhys Griffiths, ?.

Yr un cwmni yn barod i'r llwyfan.

Gwaetha'r modd, ni chafwyd enw'r ddrama ac felly ni wyddom a oedd y ci yn aelod o'r cast. Byddai R. Williams Parry yn gwbwl ddiogel rhag camera pe cawsai fwgwd y brawd ar y dde eithaf yn y cefn.

Cwmni Ogwen yn 1915.

Ymddengys fod eisiau cymorth ci i actio'r ddrama anhysbys hon eto.

Cwmni Peniel (MC), Llanllechid c.1915-20.

Cwmni Dyffryn Aeron, Felin-fach a fu'n actio *Twm-Siôn-Cati* yn 1916.

Darllen eu rhannau a wnâi'r actorion a châi'r gynulleidfa hwyl ar ddyfalu pwy oedd wedi 'gwisgo lan'. Fe sylwir fod hon yn ddrama arbennig o flewog!

Cymdeithas Ddrama Gwauncaegurwen a fu'n actio *Aeres Maesyfelin* yn 1917-18 dan gyfarwyddyd y dramodydd, Rhys Evans, prifathro Ysgol Cwm-gors sy'n eistedd yng nghanol yr ail res.

Cwmni Dulais, y cwmni cyntaf i actio *Maes-y-meillion*, drama fuddugol Eisteddfod Genedlaethol Castell-nedd, 1918.

(Cefn) Ivor Williams, John Miles, John Samuel, P.J. Jenkins, D.J. Davies (y dramodydd), D. Charles Lewis (cynhyrchydd).

(Blaen) Brinley Davies, Mia Morgan, Mrs. T.P. Thomas, Minnie Morgan, Bessie Miles, D. John Thomas.

Cymdeithas Ddrama Cae'r-bryn, Llandybïe a sefydlwyd yn 1918.

Yn ôl y Parchg. Ddr. Gomer Roberts, bu'n actio dramâu megis *Jack y Bachgen Drwg, Asgre Lân* a *Beddau'r Proffwydi* yn Ysgol y Cyngor, Blaenau. Henry Morgan, rheolwr pwll Cae'r-bryn, oedd y cynhyrchydd (saif yn y canol â 'bowler' ar ei ben), a Dewi Roberts, brawd Gomer Roberts, sy'n dal y gwn (3ydd o'r chwith, 4edd res).

Cwmni Capel Heol Awst (A), Caerfyrddin c.1918.

Yng nghanol y rhes flaen mae'r gweinidog, Y Parchg. J. Dyfnallt Owen, prifardd coronog Eisteddfod Genedlaethol Abertawe, 1907 a chefnogwr mawr y mudiad drama o'r cychwyn.

Cwmni Bethel (B), Pont-rhyd-y-fen a fu'n actio *Yr Allor Deuluaidd* yn 1918.

(Cefn) James Lewis, Y.H., William J. Owen, Gomer Thomas, Isaiah Charles, Owen Morgan, Jenkin Lewis.
(Blaen) Morgan Morgan, Elizabeth A. Jones, Thomas Rosser (y dramodydd a'r cynhyrchydd), Florrie Edwards, Mary Jane Lewis (cefnogwr!).

Cwmni Llwydcoed, Aberdâr a fu'n actio *Dŵr y Môr* am y tro cyntaf yn Neuadd y Gweithwyr, Trecynon,
15 Mai 1919.

Yn ogystal â'r cast 'gwyn' cymerai saith o 'Niggers du' ran yn y gomedi hon, ond fe'u cadwyd o olwg y
camera!

Cwmni Dan Matthews, yr enillwyr yng Ngŵyl Ddrama gyntaf Cymdeithas y Ddrama Gymraeg, Abertawe,
20-25 Hydref 1919.

Ar ôl eu gweld yn actio *Ephraim Harris*, barn Saunders Lewis oedd fod y ddrama Gymraeg wedi dod i'w
hoed. Saif Dan Matthews, a chwaraeodd ran 'Ephraim', yng nghanol y rhes gefn.

Cwmni Cefnddwysarn a fu'n actio *Castell Martin* yn 1919.

(Cefn) J.F. Owen, David Jones, David M. Evans, John Griffiths, Lewis H. Davies, John Vaughan Jones, Gwladus Davies.

(Canol) Llwyd o'r Bryn, Emily Griffiths, Price Rowlands, E.D. Jones (ysgolfeistr), Ethel Evans, William T. Davies.

(Blaen) John Hughes, Johnnie Thomas, David Roberts.

Cwmni Seion, Cwmaman a fu'n actio *Cyfoeth ynte Cymeriad* yn 1919.

Y cynhyrchydd oedd John Evan Harris (3ydd o'r chwith, rhes ganol).

1920 – 1929

TOWN HALL, WHITLAND

Nos Fercher, 22 Chwefror, 1928

Rhoddir Perfformiad o'r Gomedi Enwog

"JOHN A JAMS"

Mewn Tair Act (gan Brinley Jones)

Gan Gwmni Dramyddol Cymreig Whitland.

I ddechreu am 7.45.   **Back Seat - 1/-**

Yr Elw at Neuadd Goffadwriaethol Whitland.

Fred Thomas, Whitland.

Cwmni Capel (MC) Cefn Brith, Uwchaled a fu'n actio *Y Prawf* ar ddechrau'r 20au.

(Cefn) Ben Thomas, David Thomas, J.R. Jones, Robert Owen, William Jones, J.W. Jones, Tom Hughes.
(Canol) Ifor Williams, Sam Hughes, David Hughes, John A. Roberts, David Morris Williams, R.J. Hughes.
(Blaen) Tom Williams, Elphin O. Jones, T.O. Jones, Dora Poole Jones, Kate Williams, Emlyn Roberts, Mary Lizzie Roberts.

Cwmni Penrhyndeudraeth a fu'n actio *Pelenni Pitar* yn yr 20au cynnar.

(O'r chwith) Evan Rees, W. Lloyd Davies (cynhyrchydd), Evan Owen Williams, Megan Williams, Gwyneth Evans, Bleddyn Lloyd Roberts ('golf pro' Harlech!).
Ystyrid W. Lloyd Davies yn 'ddyn drama' blaengar yn ei ddydd. Bu Gwyneth Evans yn Arolygydd Ysgolion a hi oedd Llywydd cyntaf Merched y Wawr.

Cwmni Llangybi yn yr 20au cynnar.

(Cefn) Tom Morgans, William David Davies, Jenkin Davies, Stephen Rees, Tom Walter Davies, Tom Williams.

(Canol) Evan Davies, Glesni Watkins, ?, Rachel Mary Williams, Margaret Rees, Jane Lewis, Averinah Griffiths, ?.

(Blaen) ?, Rachel Daniel, Tom Evans, Mary Jane Francis, David Lewis Rees, Margaret Jane Evans.

Cwmni Hermon (B), Y Glog, Penfro a wnaeth argraff yn yr 20au wrth actio *Ble Ma Fa?*, *Y Potsiar*, *Castell Martin* a *Doctor er ei Waethaf*.

(Cefn) John Sammy, Martin Thomas, Tommy Evans.

(Blaen) Mary Annie Thomas, Lizzie Evans.

Cwmni Llanuwchllyn yn ystod yr 20au.

(Syr) Ifan ab Owen Edwards sy'n sefyll ar y dde eithaf yn y cefn a'r Parchg. David Thomas-Jones sy'n eistedd fel teiliwr ar lawr.

Cwmni Noddfa (A), Bow Street a fu'n actio *Y Cybydd* yn ystod yr 20au.

[Cafwyd gwybod yn rhy hwyr i adleoli'r llun mai i'r 30au y perthyn]

Cwmni Eglwys Sant Ioan, Treforys tua diwedd yr 20au dan gyfarwyddyd J.P. Walters sy'n eistedd yn y gadair freichiau.

Cwmni Nebo, Glyncorrwg a fu'n actio *Y Pwyllgor* yn 1920.

(O'r chwith) J. Morris, Evan Edwards, W.J. Williams, John Hughes, Mrs. Jones, Ioan Thomas, Mr. Peregrine.

Cwmni Nebo (MC), Dyffryn Nantlle c.1920.

Cwmni Capel yr Onllwyn (A), Cwm Dulais a fu'n actio *Owain Llwyd, y Bachgen Dewr* c.1920.
Dai Francis yw'r crwtyn rhwng y ddwy ferch a dyfodd i fod yn arweinydd carismatig i lowyr y De.

Cwmni Myddfai a fu'n actio *Cyfoeth ynte Cymeriad* c.1920.

(Yn eistedd) Y Parchg. David Richards (gweinidog Seion), Tom Price, Nellie Davies, Katie Hughes, Dan
Williams, Tom Dyer, Osie Richards, Mary Ann Prydderch, Kate Dyer, y Ficer.

(Yn sefyll) May Morgan, Lem Davies, Lizzie Dyer, Morgan Williams, Hannah Dyer, Willie Davies, Jack
Hughes, David Davies, Morgan Davies, David Davies, Willie Price, Maggie Ann Jones, Tom Price, Jack
Dyer, Tudor Richards, Jack Griffith.

Noder fod pump o deulu Dyer yn y cast! Yn grwt, cofiai Defi Powell y cwmni'n rihyrsio naill ai yn ysgubor
fawr Pentwyn neu Gellimaen.

Cwmni Salem, Penmaen-mawr a fu'n actio *Ar y Groesffordd* yn 1921.

Cwmni Penparcau a fu'n actio *Gwaed yr Uchelwyr* yn 1922.

(Cefn) Richard Jones, David Scott, Thomas G. Thomas.

(Canol) M.L. Edwards (Cadeirydd), J.D. Hughes, James Scott, Evan J. Thomas, Stanley Vaughan, Humphrey Thomas, Thomas Humphreys.

(Blaen) Gwendoline Thomas, Lizzie Davies, R.H. Phillips (ysgrifennydd) D.G. Hanaman (cynhyrchydd), T.Ll. Thomas, Blodwen Phillips.

Cwmni Dan Matthews a rannodd y wobr gyntaf ar ôl actio *Llanbrynmair* yn Eisteddfod Genedlaethol Yr Wyddgrug, 1923.

(Cefn) Edward Bowen, Evan Jones, W.G. Davies, John Miles, John Thomas, Phillip Jenkins, Isaac L. Davies.

(Blaen) Ceinwen Matthews, Dan Matthews, M.A. Lewis, Iestyn Harry.

Cwmni Dan Matthews yn dathlu'r drydedd fuddugoliaeth yn y Brifwyl yn yr 20au ar ôl actio *Ffynnonbedr* yn Eisteddfod Genedlaethol Pont-y-pŵl, 1924.

(Yn sefyll) Evan Jones, Ceinwen Matthews, P.J. Jenkins, Dan Matthews, W. Gwynne Davies, Ceinwen Smith, Iestyn Harry, W.E. Heycock (ysgrifennydd).

(Yn eistedd) John Miles, Ada Jones, Justinia Beavan, E.G. Bowen.

Cymdeithas Ddrama Gymraeg Coleg Prifysgol Bangor, 1924.

(Cefn) Llewelyn Rowlands, Dilys Watkin-Williams (?), W. Jones Henry.

(Canol) ?, W.E. Thomas, Ifor W. Williams, ?, Ffowc Williams, ?, John Gwilym Jones, Hugh Roberts.

(Blaen) T. Rowland Hughes (ysgrifennydd), T.I. Edwards, ?, R. Williams Parry, ?, J.J. Williams (cyfarwyddwr), Idris Jones, R.P. Owen, ?.

Dechrau'r Gymdeithas ffrwythlon hon fu actio *Asgre Lân* adeg yr Wythnos Ryng-golegol, Mawrth 1923.

Cwmni Bethesda (A), Tonpentre yn 1924.

Evan Gibson, ysgrifennydd y capel, sy'n sefyll ar y dde eithaf a'r nesaf ato yw Dennis Jones, tad Rhodri Jones, sylfaenydd a hyfforddwr Parti Dawnsio Gwerin Caerdydd.

Cwmni Bethlehem (MC), Porth a fu'n actio *Y Briodas Ddirgel*, 1923-4.

Cwmni Rhydaman a fu'n actio *Pelenni Pitar* yn 1925.

(Cefn) John Harries, Ceinwen Williams, Edwards (Dunn's).
(Blaen) J. Phillips (gorsaf-feistr), Rhuana Rees, John Williams (Golden Eagle).

Cwmni Llandysul a fu'n actio *Maes-y-meillion* yn 1925.

Cwmni Cefnddwysarn a fu'n actio *Modryb Martha* yn 1925.

(Cefn) Price Rowlands, William T. Davies, John Griffiths, Gwladus Davies, J.F. Owen.
(Blaen) Ellis D. Jones (ysgolfeistr a chynhyrchydd), Ethel Evans, Emily Griffiths, Llwyd o'r Bryn.

J.F. Owen. (tad Ifor Owen) a oedd yn artist da a fyddai'n paentio'r setiau a choluro'r actorion.

Cwmni Cefnddwysarn wrthi eto yn 1925 yn actio *Perthnasau*.

(Cefn) Lewis H. Davies, William T. Davies, Price Rowlands, Johnny Thomas.
(Canol) David Jones, Gwladus Davies, David M. Evans, Emily Griffiths, Llwyd o'r Bryn, John Griffiths.
(Blaen) Catherine Roberts, Ethel Evans, Ellis D. Jones, Mary Roberts, J.F. Owen.
(Ar lawr) John Williams, David Roberts.

Cwmni Bethel (A), Pont-rhyd-y-fen a fu'n actio *Y Ferch o Gefn Ydfa* yn 1925.

(Cefn) Edward Davies, Penry Rosser, Morgan Morgan, Morgan John Rees, Tommy Lewis, Ivor Davies, David T. Rosser.

(Canol) Elizabeth Ann Morgan, Isaiah Charles, Elizabeth Ann Jones, Thomas Rosser, Florrie Edwards, William J. Owen, Katie Rosser.

(Blaen) Herbert Davies, Ben Thomas, Alwyn Rosser (tad Phylip Rosser).

Cwmni Cadwgan, Treorci a rannodd y wobr gyntaf yn Eisteddfod Genedlaethol Pwllheli, 1925, ar ôl actio'r ddrama un act, *Ffrois*.

(O'r chwith) Dafydd Lewis, ? Lewis, Maggie Jane Lewis, Griff (?) Thomas, Daniel Evans (iau), Olwen Jones, Wil George, Daniel Evans (hynaf), Jennie Davies (mam-gu Cennard Davies), Esther Ann Evans.

Aelodau Hermon (A), Treorci a sefydlodd y cwmni dan sbardun Daniel Evans (hynaf) – 'Cardi' garw o Lanwenog a fu'n ymladdwr mynydd moelddwrn cyn cael ei 'achub' yn Niwygiad 1904-5. Bu'n ddiacon yn Hermon tan ei farw yn y 50au ac ef fyddai'n codi'r llwyfan yn ysgoldy'r capel ar gyfer y perfformiadau.

Cwmni Y Bala a fu'n actio *Asgre Lân* yn 1926.

(Cefn) J.R. Jones (Jones mawr), Aeron Davies, ? , ? , ?.
(Canol) Goronwy Jones, Glynne Jones (Jones bach), Nellie Lloyd, ? , Laura Jane Jones, ?.
(Blaen) ? , ?.

Brodor o Fôn a wnaeth ei gartref am gyfnod yn Y Bala ar ôl Rhyfel 1914-18 oedd J.R. Jones ac fe aeth y ddrama i waed y gŵr diwylliedig hwn ac aros yno tan ei farw. Y mae'n sicr gen i mai'r cof am ei ddiléit mawr ef sy'n cyfrif am y ffaith mai ei ferch, Mrs. Beti Wyn Williams, Clawdd Newydd, oedd y cyntaf i ymateb i'r apêl am luniau. Byddai ei thad wrth ei fodd.

Cwmni Llanllyfni a fu'n actio *Perthnasau* yn 1926.

(Cefn) Owen Benjamin Williams, Morris Eric Owen, Jane A.Williams, William Roberts, Phillip Owen, William Jones, John Owen, Salisbury Evans.
(Blaen) Jane Mary Griffith, Annie Olwen Jones, Hugh Hughes, Katie Davies, Idwal Jones, Euronwy Roberts, Poli Jones.

Cwmni Y Tymbl a aeth ar daith i'r Gogledd adeg Streic Fawr 1926 a chasglu £350 at y Gegin Gawl yn
Y Tymbl.

Yn 3ydd a 4ydd o'r chwith yn y rhes flaen saif George M.Ll. Davies a'r Parchg. Tom Nefyn. Caradog Owen,
3ydd o'r chwith yn y rhes gefn, oedd y cynhyrchydd. Yn löwr yn Y Tymbl ac yna'n fyfyriwr yn y 'Presby'
yng Nghaerfyrddin, bu'n ddiwyd trwy gydol yr 20au yn actio, cynhyrchu ac ysgrifennu dramâu. Bu cryn
chwarae ar *Croes a Gorfoledd*. Aeth yn weinidog i Gaersalem (B), Abergwynfi yn 1933 ac yna aeth i
Benuel, Cwmafan.

Cwmni Llandre, Ceredigion yn 1926.

Cymdeithas Ddrama Gymraeg Abertawe a fu'n actio *Y Briodas Orfod* yn 1926.

(Blaen) Sadie Protheroe Thomas, Eluned James, J.P. Walters, Dora Morgan, Joan Davies, Mari Hughes.
(Canol) Phillip Thomas (chwith eithaf – cyfieithydd). Mr. Duncan (de eithaf – coluro). Lewis Thomas (1af o'r dde - ysgrifennydd).
(Cefn) Tom Williams Hughes (3ydd o'r chwith), John Owen (4ydd o'r chwith), Bill Bowen (5ed o'r chwith).

Cwmni Penmaen-mawr yn actio *Y Ffon Dafl* yn 1927.

Cwmni Corwen yn actio *Y Bobl Fach Ddu* yn 1927.
Yn eistedd ar y dde y mae'r cynhyrchydd, y Parchg. T. Arthur Jones, tad-cu Arthur a Dafydd Emyr.

Cwmni Rhostryfan a fu'n actio *Troi'r Tir* yn Eisteddfod Genedlaethol Caergybi, 1927.

(Cefn) Y Parchg. James Williams, J.R. Cadwaladr.

(Blaen) H. Samuel Hughes, Mrs. M.E. Cadwaladr, William J. Hughes.

Gwynfor yn rhan yr Esgob Niclas yn derbyn llythyr yng nghynhyrchiad Komisarjevski o *Yr Ymhonwyr* (Ibsen) yn Eisteddfod Genedlaethol Caergybi, 1927.

Golygfa yn *Yr Ymhonwyr* yn Eisteddfod Genedlaethol Caergybi, 1927.

Cwmni Drama Dyffryn Madog yn actio *Gwraig y Ffermwr* c.1927.

Sefydlwyd y cwmni yn 1927 pan unwyd cwmnïau'r ardal a'r cynhyrchydd cyntaf oedd William Rowlands, MA, prifathro'r Ysgol Sir. Dylid nodi fod y 'Portmadoc Players', a wahoddwyd gan Nigel Playfair i berfformio yn y Lyric, Hammersmith yn 1924 yn rhan o'r fenter, gan iddynt ddechrau actio yn Gymraeg er mawr anfodlonrwydd y nofelydd, Richard Hughes, a roes y gorau i'w cyd-gynhyrchu.

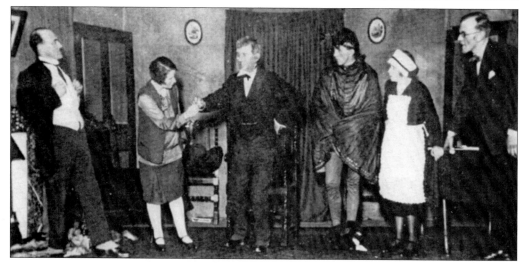

Cwmni'r Castell, Cricieth a fu'n actio *Pelenni Pitar* yn 1928.

(O'r chwith) Peter Pritchard, Nel Roberts, Owen Pritchard, R.G. Evans, Annie Jones, a Jones Barclays, Clynnog.

Cwmni Cenedlaethol Undeb y Ddrama Gymraeg a fu'n actio *A Ŵyr Pob Merch* yn Eisteddfod Genedlaethol Treorci, 1928.

(Cefn) Peter Edwards, J.P. Walters, D. Haydn Davies, Jack James, E.J. Phillips.

(Blaen) D.R. Davies (ysgrifennydd), M.M. Jones, Y Parchg. E.R. Dennis (cynhyrchydd), A.M. Rees, E.Lewis.

Y mae'r llun arbennig hwn yn brawf o'r awydd i greu 'Cwmni Cenedlaethol' a fu'n mud-losgi er pan lansiodd Howard de Walden ei fenter gyntaf yn 1914. Ynddo ceir rhai o'r unigolion a adawodd eu hôl yn glir iawn ar y mudiad drama yn ystod hanner cyntaf y ganrif.

Cwmni Hendy-gwyn a fu'n actio *John a Jâms* yn 1928.

(Cefn) Joe Berry, Mortimer Phillips, Elsie Davies, David Rogers, Phoebe James, Arthur Williams, Alwyn Walters, May Lewis, Benji Evans.

(Blaen) Tom Davies (cynhyrchydd), Ciss Lewis, Johnny Lewis, Sarah Thomas, David Wheeler, William Thomas.

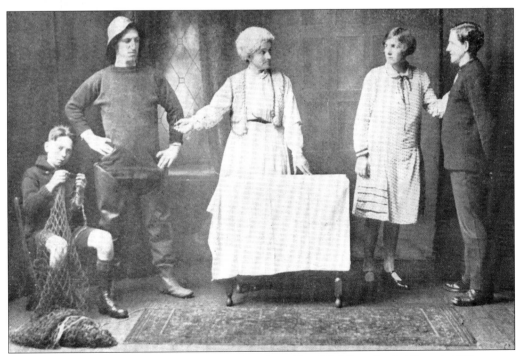

Cwmni Cwm Rhondda yn actio *Cyfrinach y Môr* yn Eisteddfod Genedlaethol Treorci, 1928.

Cwmni'r Gobeithlu, Llanarmon c.1929.

(Cefn) Ann Jones, Bronwen Evans, Robert Roberts (Bob Saer), Amy Jones, Jane Evans, y Parchg. Blackwell (Wesle).

(Canol) Rose Roberts, Ted Williams, Edward Williams, Bessie Jones, Mrs. Cottgreve.

(Blaen) Florrie Edwards, Madge Jones (ymwelydd), Gertie Lloyd.

Cwmni Orllwyn (Henllan), 1928-34.

(Cefn) W. Jones, H. Morgan, B.P. Thomas, Miss S.M. Jones, T. Davies, J. Havard, J.R. Davies.

(Blaen) Miss E. Davies, Miss M.E. Jenkins, Mrs. E. Davies, Y Parchg. E. Davies, BA (cynhyrchydd), E.R. Jenkins, Miss H. Davies, Miss A. Griffiths.

Rhwng Rhagfyr 1928 a Chwefror 1935 perfformiodd y cwmni *Gŵr y Cefen* 25 o weithiau; *Eilunod* 44 o weithiau; *La Zone* 19 o weithiau a *Bili* 26 o weithiau.

1930 – 1939

NEUADD Y DREF, DINBYCH

NOS SADWRN, CHWEFROR 4, 1939

CWMNI RESOLFEN
(Cynhyrchydd "CLYDACH")

yn chwarae'r

GOMEDI GYMRAEG

"YR ERODROM"

(J. ELLIS WILLIAMS)

Cadeirydd:

SAM JONES, Ysw., Y.B.B.C (Rhanbarth Cymru)

Hyrwyddir gan Gapel M.C. Y Waen, Bodffari

Pris: Dwy Geiniog

NEUADD Y LLAN, BODFFARI.

Nos Iau, Ionawr 28ain. 1937.

T A I R   D R A M A   F E R.
****

1. YR YMADAWEDIG. (Stanley Houghton)
(Cyfieithiad Cymraeg gan R. Ellis Jones.)
2. Y GWANWYN. (Murray).
(Cyfieithiad Cymraeg gan D. Lloyd Jenkins.)
3. Y PRACTIS gan Leyshon Williams.
-o-o-o-o-o-o-o-o-

Cwmniau Capel y Waen, Bodffari.

CADEIRYDD:- GOMER JONES YSW., DINBYCH.

Cyfarwyddwyr - Parch W.E.Cleaver B.A., a Mr.R. Thomas.
Goruchwyliwr y Llwyfan - Mr.J.Ewart Hughes.
Ysgrifennydd - Mr.Rhirid ab Iorwerth.

Rhoddwyd y dodrefn yn fenthyg yn garedig gan
Messrs Aston & Son Ltd.,Dinbych.

Pris 1c.

Cwmni Llangeitho ar ddechrau'r 30au.

(Cefn) Peter Jones (brawd E.D. Jones y Llyfrgellydd Cenedlaethol), Dai Williams, Tregaron.

(Blaen) Mary Evans (priod Dai Williams), Elen ? , Maggie ?.

Cwmni Manod, Blaenau Ffestiniog ar ddechrau'r 30au.

(Cefn) Idris Morgan, Emrys Williams, Alfred Jones.
(Blaen) Kate Elen Jones, Tudur Roberts.

Cwmni Capel Tremeirchion yn y 30au cynnar.

(Cefn) Owain Wyn Davies, Eifion Wyn Griffiths (y crwtyn), Dorothy Jones, Hywel Griffiths, Elin Morris, John R.Jones, Gwen Griffiths (prifathrawes ysgol y pentref), Clwyd Roberts, Ellis Morris.

(Blaen) Y Parchg. Nefydd Hughes Cadfan a fagwyd ym Mhatagonia. Ef a gododd y cwmni.

Ann Jones o Dremeirchion oedd y fam-gu a wnaeth y rhyfeddol Owen Rhoscomyl yn Gymro gwlatgar a Rhoscomyl oedd llaw dde Howard de Walden pan lansiodd ei 'Gwmni Cenedlaethol' yn 1914. Byddai wrth ei fodd o weld fod un o'r cymeriadau yn cario gwn, gan ei fod yn filitarydd rhonc.

Cymdeithas Ddrama Gymraeg Abertawe a fu'n actio *Bugail y Fan*
yn ystod y 30au cynnar.
(O'r chwith) Stephen J. Williams, Bill Bowen, ?, Llwchwr Rees, ? , ? , Sadie Protheroe Thomas, J.P. Walters.

Cwmni Blaenafon, Ceredigion yn y 30au.
Y 1af ar y chwith yw'r bardd, B.T. Hopkins. Tom Hughes Jones oedd y cynhyrchydd. Buasai'r cwmni wrthi'n flynyddol yn yr 20au yn perfformio er lles ariannol y capel yn Ysgol Tangarreg. Yn ofer y protestiodd y Parchg. Walter Morgan, Tregaron gan fod 'mynd' ar y ddrama yn y fro er dechrau'r ganrif.

Cwmni Nebo (A), Felindre, Abertawe a fu'n actio *Dwywaith yn Blentyn* c.1930.

(Cefn) Willie Harris, Anita Evans, David Griffiths.

(Blaen) Isaac Evans, Lizzie Harries, Dan Mathias.

Roedd hwn yn gwmni teuluol iawn gan fod Lizzie Harries yn chwaer i Isaac Evans (tad-cu y Prifardd Meirion Evans), Dan Mathias yn gefnder iddo, Willie Harris yn frawd yng nghyfraith ac Anita Evans yn chwaer yng nghyfraith iddo. Hwyrach mai ef oedd piau'r ci hefyd – ac efallai fod iddo yntau ei ran.

Cymdeithas Ddrama Bryn Seion, Y Gilfach-goch c.1930.

(Cefn) T. Rogers, A. Miles, D. Daniel, J. Griffiths, ?.

(Blaen) C. Bryant, Mrs. D. Bonner, Mrs. Evans, Evan (Evie) Evans (cynhyrchydd), Mrs. S. Davies, Mrs. M. Evans, G. Davies.

Sefydlwyd y cwmni ar ddechrau'r ganrif a bu'n actio dramâu Cymraeg am chwarter canrif nes i Evie Evans ymddeol. Fe'i dilynwyd yn 1929 gan y Gilfach-goch Dramatic Society ac yna'r Gilfach-goch Welfare Amateur Dramatic Society yn 1949. Bu'r enwog Rachel Thomas (née Roberts) yn actio i'r ddau gwmni tra bu'n athrawes yn y Gilfach.

Cwmni Elli, Llanelli yn 1931.

(Cefn) Tom Morgan, Gwenny Hoskin, Edna Bonnell, Tom Griffiths.
(Blaen) W.I. Morris, D.J. Beynon.

Rhoddwyd cryn hwb i'r ddrama Gymraeg yn Llanelli gan Brifwyl 1930 pan berfformiwyd *Yr Etifeddiaeth* ac *Yr Anfarwol Ifan Harris* gan actorion lleol yn yr Hippodrome. Ffurfiwyd Cynghrair y Ddrama Gymraeg yn Llanelli ac erbyn 1933, er gwaethaf difrawder a pheth gelyniaeth, roedd saith cwmni wedi ymaelodi. Gwaetha'r modd, byr fu parhad y fenter.

Cwmni Siloam (W), Aberystwyth a fu'n actio *Y Pwyllgorddyn* yn 1932.

(Cefn) Ernest Price, Eluned Lewis, Eirios Davies, R.T. Edwards, Joseph Edwards, Dafydd Morris Jones
    (y crwtyn).
(Blaen) T.G. Davies, Siân Williams, W.O. Williams, Nellie Edwards, Edgar Jones.

Cwmni Llanelli a fu'n actio *Yr Anfarwol Ifan Harris* ym Mhrifwyl 1930 ac yng Ngŵyl Ddrama Llanelli yn 1933.

(Cefn) Tom Griffiths, Minnie Morgan, D.J. Beynon, Ceinwen Williams, ? , Gwenny Hoskin, Tom Morgan. (Canol) John Williams, Margaretta Every, James Edwards (cynhyrchydd), J. Brazell Jones, Hubert Edwards. (Blaen) ? , ?.

Cefais hanes y cwmni hwn gan Miss Eluned Jones (cyn-brifathrawes Ysgol Heol y Farchnad ac awdur nofelau) gan mai ei thad, Brazell Jones, oedd yn chwarae rhan Ifan Harris – a'i chwarae ag arddeliad yn ôl y *Mercury*: 'Tall and handsome, he affected the American manner perfectly, and his surprising return to life in the last act was dramatically done'.

Cwmni'r Ddraig Goch, Caernarfon a fu'n actio *Hywel Harris* yn 1932.

Chwaraewyd rhan Hywel Harris gan Gwynfor (3ydd o'r dde yn y rhes ganol), ac ym marn Rhys Puw yn *Y Ford Gron* ni chafodd lawer o hwyl arni: 'Carwr sâl dros ben oedd'.

Cwmni Resolfen a fu'n actio *Pen y Daith* c.1932.

(Cefn) Herbert Smith, David Dan Herbert, T.J. Davies, Sam Jones, Dai Jones, John Evans.
(Blaen) Beatrice Morgan, Jack Howells (cynhyrchydd), Bess Morgan Davies, Annie Smith Rees.

Cwmni Y Maerdy a enillodd Darian Howard de Walden wedi actio *The Poacher* yng nghystadleuaeth drama
un act Undeb y Ddrama Brydeinig (Yr Adran Gymreig) yn Llundain, yn 1933.

(Cefn) Trefor Lewis, D. Moses Jones.
(Blaen) Veronica Spooner, Freda Jenkins, D. Haydn Davies (cynhyrchydd).

Yn ôl pob sôn D. Moses Jones oedd piau rhan 'Dici Bach Dwl' yn Gymraeg a Saesneg.

Y cwmni y tu allan i Theatr Garrick yn barod i'r ornest.

Golygfa o gynhyrchiad y Dr. Stefan Hock o *Pobun* yn Eisteddfod Genedlaethol Wrecsam, 1933.

Y mae 'Pobun' (Clifford Evans) yn mynd i'r bedd. Yn ei ddilyn mae 'Gweithredoedd Da' (Dilys Jones) ac uwch ei ben mae 'Ffydd' (Evelyn Bowen) a'r angylion. Barnai Sybil Thorndike fod Clifford Evans yn 'true actor' ac ychwanegodd: 'This Welsh speaking woke one to a sense of vigorous beauty and life'.

Cymdeithas Ddrama Gymraeg Coleg Prifysgol Bangor a fu'n actio *Ephraim Harris* yn 1933.

(Cefn) Sam Davies, Iorwerth Jones, Mat Prichard, ? , ? , Susie Thomas, J. Elwern Thomas, ?.
(Canol) ?, Buddug Davies, R. Gele Williams, W.T. Owen, Mari Headley (Ellis yn ddiweddarach).
(Blaen) Helen M. Jones, Harri Hughes, Mary Morris.

Cymdeithas Ddrama Gymraeg Abertawe a fu'n actio *Gwraig y Ffermwr* yn y 'Grand' yn 1933. Cwmni
Abertawe oedd y cyntaf i actio cyfieithiad Mary Hughes (Lewis yn ddiweddarach) o'r ddrama ryfeddol
boblogaidd hon. Y mae hi'n eistedd (3ydd o'r chwith) wrth ochr D. Clydach Thomas (cyfarwyddwr). Yn
sefyll (4ydd o'r chwith) mewn wig mae Stephen J. Williams. Prin fod yr un cynhyrchiad arall yn holl hanes
y Gymdeithas wedi plesio'n fwy na hwn.

Cwmni Opera Bethlehem, Treorci a fu'n perfformio'r ddrama-gerdd, *Y Mab Afradlon*, yn y 'Parc a Dâr' yn 1933.

(Canol) 1af ar y chwith yw'r Parchg. Glynfab Williams (awdur) a'r 1af ond un o'r dde yw D. Edgar Williams (arweinydd). Y Parchg. T.E. Davies (gweinidog Bethlehem) sy'n eistedd yng nghanol y rhes.

Cwmni Adran Dyffryn Dulais a fu'n actio *Yr Het Goch* yn Eisteddfod Genedlaetholl Castell-nedd, 1934.

(Cefn) Glyn Jones, Brinley Griffiths (is-ysgrifennyd), W.R. Lloyd, Thomas Griffiths, Penry Lloyd, Daniel Thomas, Gethin Thomas, R. Berwyn Williams (cyfarwyddwr), D.M. Davies.

(Blaen) David W. Owen (ysgrifennydd), Joseph Jenkins, Mrs. Mary Mitchell, Eddie J. Thomas (cynhyrchydd), Miss Mary Davies, Charles Pike, William Jones (Cadeirydd).

Bu'n rhaid actio'r ddrama sâl hon gan Wil Ifan am fod *Cwm Glo* Kitchener Davies wedi'i chael yn foesol anaddas gan y beirniaid.

Cymdeithas Ddrama Gymraeg Coleg Prifysgol Bangor a fu'n actio *Deufor Gyfarfod* yn 1935.

(Cefn) E.J. Jones, Goronwy W. Roberts (y darpar AS), Mari Headley (cynhyrchydd), Now Parry.
(Canol) J.G. Jones, Florrie Evans, Gruffydd Parry, D. Tecwyn Lloyd, J. Price Thomas, Heulwen Williams.

Dewis ddrama'r Gymdeithas ar gyfer 1935 oedd *Cwm Glo* ond fe'u gorfodwyd gan awdurdodau'r Coleg i'w gollwng. Digwyddodd yr un peth yng Ngholeg Prifysgol Aberystwyth.

Cymdeithas Ddrama Gymraeg Abertawe a fu'n actio *Cwm Glo* yn Rhydaman, Chwefror 1935.

Chwaraewyd rhan 'Dai Davies' gan Clydach Thomas (3ydd o'r chwith yn y rhes flaen) ac wrth ei ochr saif y dramodydd, Kitchener Davies. Chwaraewyd rhannau 'Marged' a 'Mrs. Davies' gan Eileen Davies a Minnie Morgan (1af ac 2il o'r chwith yn y rhes flaen) a Pansy Lewis oedd 'Bet Lewis'.

Cwmni'r Pandy a godwyd yn un swydd yn 1935 gan Kitchener Davies yn ateb i'r tri beirniad a ddywedasai na cheid merch yng Nghymru i chwarae rhan 'Marged'. Rhoed y rhan i'w chwaer er mawr fodlonrwydd iddi, cymerodd ef ei hun ran 'Dai Davies' a neb llai na Kate Roberts oedd 'Mrs. Davies'.

(Cefn) Isaac Williams (Dic Evans), Richard Benjamin (Morgan Lewis), Mair Rees (Bet Lewis), Morris Williams (Idwal), Islwyn Bowen (Bob).
(Blaen) Letitia Harcombe (Marged), J. Kitchener Davies (Dai Davies), Kate Roberts (Mrs. Davies).

Cwmni Adar Tregaron a godwyd gan Dai Williams ac Idwal Jones yn 1935 i lonni gwerin gwlad. Byddent yn actio sgetsys yn ogystal â chanu.

Cwmni Coleg Hyfforddi Y Barri a fu'n actio *Y Gainc Olaf* yn 1935.
(Y 4edd o'r chwith yw Norah Isaac.)

Dan ddylanwad Miss Ellen Evans, y brifathrawes, a Miss Cassie Davies, fe wnaeth y Coleg di-fechgyn hwn waith trawiadol dros y ddrama Gymraeg o'r 20au ymlaen. Nid yw cyfraniad Miss Cassie Davies wedi cael y gydnabyddiaeth a haedda.

Cwmni Capel Ifan (A), Llannerch-y-medd a fu'n actio *Dewis Anorfod* yn 1935.

(Cefn) John Huws (Stamp), John Edwards, Samuel Prytherch, y Parchg. Evan Roberts, William Rowlands, Hugh Hughes.
(Canol) Y Parchg. R.C. Jones, Mair Edwards, Mrs. Evan Roberts.
(Blaen) Kitty Griffiths, Madge Edwards, Nella Owen, Mrs. Kitty Jones.

Cwmni Tyn'gwndwn, Dyffryn Aeron c. 1935.

(Cefn) Y Parchg. Emrys Evans, Rachel Davies, John Jones, Miriam Edwards, J. Stanley Jones, H.M. Davies.
(Blaen) Morfudd Thomas, John Jones, Rachel Ellen Jones, Evan Jones, John Evans, Tom Owen (ar lawr).

Cwmni Capel Tegid (MC), Y Bala a fu'n actio *Y Briodas Arian* yn 1936.

Perfformiwyd y ddrama yn Neuadd Buddug, 19 Chwefror 1936, er mwyn cael peiriant trydan i weithio'r
organ a'r cynhyrchydd oedd perchennog Gwasg Y Seren, Robert Stanley Evans (1af o'r dde yn y rhes flaen).
Yr actorion (ni ellir eu lleoli'n gymwys) oedd Nellie Lloyd, Laura Jane Jones, Jennie Blodwen Roberts
(athrawes), Llewelyn Evans, Goronwy Jones, Ieuan Williams, J.R. Jones (Siop y Gornel), Glyn Jones (Siop
y Gornel). Dathlwyd canmlwyddiant yr organ mewn cyngerdd yng Nghapel Tegid, 13 Mawrth 1998.

Golygfa yn *Y Briodas Arian*.

Cymdeithas Ddrama Gymraeg Llandudno a fu'n actio *Dewis Anorfod* yn yr Arcadia yn 1936.
J. Idris Gruffydd (canol y rhes flaen) oedd y cynhyrchydd a hwn oedd nawfed cynhyrchiad y cwmni.

Cwmni Bodffari c. 1936-7.

Y Parchg. Emrys Cleaver (4ydd o'r chwith yn y rhes flaen) a gododd y cwmni.

Cwmni Bodffari a fu'n actio *Beddau'r Proffwydi* yn 1938.

(Cefn) Gwynfryn Jones, David Price Williams, Glyn (Curtiss) Roberts, Thomas John Williams, Robert
   Pierce Jones, Caradog Wynne, ? Griffith, John Roberts, David Charles Evans, Gwyneth Roberts, Brenda
   Evans, Llio Davies, y Parchg. Emrys Cleaver, John Francis Roberts

(Blaen) Morfydd Jones, Ieuan ab Iorwerth, Mrs. Roberts, Tom Roberts, Mrs. Emrys Cleaver, Miss Maggie
   Roberts, John Llewelyn Morris.

Cwmni Bodffari wrthi'n actio *Beddau'r Proffwydi*.

Cymdeithas Ddrama Gymraeg Coleg Prifysgol
Bangor a fu'n actio *Diofal yw Dim*, 1937-8.

(Cefn) Harri Gwynn (cynhyrchydd), Aled Roberts.
(Blaen) Ffion Thomas, Elis Gwyn Jones, Eirwen
   Lloyd Jones.

Cwmni Rhuthun a fu'n perfformio *Aelwyd Angharad* yn 1937 a J. Lloyd Williams yn cynhyrchu.

Cymdeithas Ddrama Gymraeg Abertawe a fu'n actio *Tylwyth ei Dŷ ei Hun* yn 1937.

Yr actorion ar y llwyfan oedd D. Clydach Thomas, T.J. Williams-Hughes, Eileen Davies, Hetty Morgan, H. Parri Thomas, D.C. Davies, W.L. John, Elfyn Davies, R.T. Williams, R. Ellis Grey, W. Hopkin Williams, Ellis Morgan, Tudor Grey, W. Llwchwr Rees.

Cwmni Coleg Y Bala a fu'n actio *Y Brodyr* yn 1939.

(Cefn) E.J. Morgan, Alwyn Thomas, Harri Williams, R. Maurice Williams, Moses Meirion Roberts, R. Ithel Williams.
(Blaen) John R. Roberts, Mabel Jones, Nellie Lloyd, Olwen Evans, Ifan O. Williams.

Cwmni Resolfen a fu'n actio *Yr Erodrom* yn 1939.

(O'r chwith) Clydach Thomas, Miss A. Smith, S.R. Jones, D. Jones, Miss M. Smith, Miss B. Davies, D. Dan Herbert.

Cwmni Tabernacl (A), Cwm-gors yn 1939.

(Cefn) Danny Jones, Glyn John, Annie Morris, David Morris, Mrs. Rosie Jones (coluro), Elwyn Jones, David Edward Jones (coluro)

(Blaen) John Evans, Mrs. Ann Price, David Howells (cynhyrchydd), Mrs. Maggie May John, Y Parchg. T.M. Roderick (tad Selwyn Roderick a thad-cu Vaughan Roderick, BBC Cymru. Byddai yntau'n cynhyrchu).

Bu'r cwmni wrthi rhwng 1934 ac 1940.

Cwmni Bethel (A), Cross Hands a enillodd yr ail wobr ar ôl actio *Yr Oruchwyliaeth Newydd* yng nghystadleuaeth y ddrama hir yn Eisteddfod Genedlaethol Dinbych, 1939.

(Cefn) T. Morgan Evans, Joseph Jones, Esther Davies, Evan Jones, Nancy Cox, Tom Price, Mrs. Price (Garnant), D. Beavan Owen, Evan Lake.

(Blaen) A.E. Edwards, Nathan Jones.

1940 – 1949

Cwmni Colwyn a fu'n actio *Hedda Gabler* yn 1940 adeg cyhoeddi Eisteddfod Genedlaethol Hen Golwyn, 1941, yn gwrando'n astud ar y cynhyrchydd, John Gwilym Jones.

(Yn sefyll) Y Parchg. Oswald Rees Owen, Tudwal Jones, ?.
(Yn eistedd) Elsbeth Evans, Eva Roberts, Mari Headley, Nellie Morris.

Cwmni Resolfen a fu'n actio *Y Briodas Arian* c.1940

(O'r chwith) Bess Morgan Davies, Annie Smith Rees, David Dan Herbert, Ieuan Davies, Maud Williams Harries, Sam Jones, Myrddin Jeffreys, David Jones.

Cwmni Coleg Normal, Bangor 1940-41.

Cwmni Porthaethwy a fu'n actio *Yr Erodrom* c.1941.

(Cefn) David Roberts, Ellis Roberts, Mair Davies, Megan Roberts, W.J. Thomas, John Henry Cole.
(Blaen) Olwen Evans, Y Parchg. W.R. Jones (cynhyrchydd), Elizabeth Jane Roberts.

Cymdeithas Ddrama Gymraeg Coleg Prifysgol Bangor a fu'n actio *'Y Machgen Gwyn I* c.1941.

(Cefn) Gwyn Williams, Emrys Thomas, Glyn Howells, Dic Parry, Mary Bodden.

(Canol) Helen Jones, Awena Jones, Beryl Parker, Kathleen Morris, Margaret Rhiannon Rowlands, Gweneirys Iorwerth.

(Blaen) Ianto Isaac, Meredydd Evans, Rhiannon Davies Jones, Ted Lewis Evans, Glenys Hughes, T.J. Griffiths, Harri Parry Jones.

Cwmni Capel Gwernllwyn (A), Penrhiw-llan, 1940-43.

(Cefn) Evan Jones (cynhyrchydd), David Jones, Martin Isaac, Rhys Rees.

(Canol) Annie Davies, Margaret James, Sarah Lewis, Betty Pratt, T.J. Griffiths, Nina Lewis, Mabel Williams, Y Parch. D.A. Williams, Ieuan Jones.

(Blaen) Iwan Thomas, Eilwen Jones, Annie Lewis, Nyrs A. Davies, Hetty Lewis, Hannah Jones, James Davies.

Cwmni Llangernyw a fu'n actio *Ar y Groesffordd* c.1940-41.

(Cefn) Gwilym Williams, Dafydd Hughes, Gwilym Annwyl Davies, Dafydd Jones, Robert Edwyn Davies,
John Hughes.

(Blaen) Kate Roberts, Myfanwy E. Jones, ? , Arthur Williams.

Cwmni Beulah, Caernarfon a fu'n actio *Awel Dro* c.1942.

(Cefn) Miss Eurfon Pierce, Mrs. Trefor Owen, Mr. Norman Evans, Miss A. Jones, Miss Mair Jones, Miss
Mary Roberts.

(Canol) Mrs. Morris Hughes, Y Parchg. Esmor Owen (cynhyrchydd), Mr. William Pritchard, Mrs. John
Peters.

(Blaen) John William Jones, Trefor Owen.

Ffurfiwyd y cwmni i godi arian adeg y Rhyfel a byddai'n perfformio yng Ngŵyl Fai Beulah bob blwyddyn.
Yn yr hydref byddai'n teithio o gwmpas Sir Gaernarfon i godi arian at achosion da, ac fe ddaliodd ati tan
ganol y 50au.

Cwmni Aelwyd yr Urdd, Aberystwyth a fu'n actio *John Huws Drws Nesa* c.1942.
(O'r chwith) Norah Isaac, R.E. Griffith (cynhyrchydd), Gladys Morgan Jones.

Cwmni Rhoscefnhir, Môn, yn 1943.
(Cefn) Emyr Jones (cynhyrchydd), Samuel H. Jones, W.M. Williams, Arthur Jones, Frank Jones, Tecwyn Griffiths, John Roberts.
(Blaen) Olwen Jones, Edwin Rowlands, Lizzie Williams, Edward Hughes, Bessie Owen, Ifor Roberts, Hannah G. Owen.
(Ar lawr) Menna Jones, Nans Ellis-Owen.

Actorion Capel Gad (MC), Bodffordd a ddyfarnwyd yn orau yng Ngŵyl Ddrama Môn, Llangefni yn 1942 am actio tair drama un act – *Ciwrad yn y Pair*, *Noson o Farrug* ac *Yr Hen Anian*. Buont yn fuddugol eto yn 1943 pan berfformiwyd *Pawen y Mwnci*.

(Cefn) Robert Roberts, Gwilym Jones, Hugh Owen, Hughie Humphreys.

(Canol) Hugh Roberts, T.H. Williams, R.J. Jones, Maggie Jones, Charles Williams (a gafodd yrfa nodedig) a'i frawd, Emrys Williams, Hugh Roberts.

(Blaen) Megan Roberts, Glenys Pritchard, Y Parchg. John Evans (gweinidog Gad – y cynhyrchydd), Ceri Pritchard, Gwen Roberts.

Byddai Charles Williams yntau'n cynhyrchu a'i frawd, Emrys, yn rheoli'r llwyfan.

Cwmni Rhoscefnhir a enillodd y gystadleuaeth actio drama un act yn Eisteddfod Genedlaethol Bangor, 1943, ar ôl perfformio *Y Cab*.

(Cefn) Emyr Jones (cynhyrchydd), Bessie Owen, Edward Hughes.

(Blaen) Ifor Roberts.

Cwmni Sefydliad y Merched, Llangefni a gipiodd y tlws am actio drama un act ar ôl perfformio
Yr Ymadawedig yng Ngŵyl Ddrama gyntaf Llangefni yn 1942.

(Cefn) Ifan Gruffydd (awdur *Y Gŵr o Baradwys*), Edward Williams, T.C. Simpson (un o sêr Noson Lawen
Sam Jones gyda Charles Williams a Thriawd y Coleg), Mrs. Enid Watkin Jones (mam yr anthropolegydd
enwog yn Awstralia, Rhys Maengwyn Jones).

(Blaen) Mrs. Hodgkins, Menna Williams (athrawes – y cynhyrchydd), Mrs. Prys Owen (chwaer W.J.
Griffith, awdur *Storïau'r Henllys Fawr*).

(Ar lawr) Betty Howell (merch Myfanwy Howell, BBC).

Cwmni Llannerch-y-medd c.1944

(Cefn) Mair Edwards, Tommy Roberts, Mrs. Prosser, Richie Hughes, Albert Owen, Nel Owen.
(Blaen) Olwen Owen, John Huws (Stamp), Sarah Jones, Robert R.Lewis.

Y rhain oedd aelodau cyntaf y cwmni hwn a fu'n dra phoblogaidd yn ei ddydd, diolch yn bennaf i
ysbrydoliaeth John Huws.

Cymdeithas Ddrama Gymraeg Coleg Prifysgol Bangor a fu'n actio *Dau Dylwyth* yn nhymor 1944-5.

(Cefn) Gwyneth Thomas (cofweinydd), H. Aethwy Jones (gweinyddwr), M. Rowlands (gwisgoedd), J.R. Owen (llwyfan), Glenys Morris (cofweinydd), D. Lloyd Williams.

(Canol) Huw Jones, Beti Wyn Williams, Gwenllian Edwards, Rhiannon Davies Jones (cynhyrchydd), Ted Evans, Gweneirys Iorwerth, W. Vaughan Jones.

(Blaen) Islwyn Ffowc Elis, Geraint Davies, Robin Williams, Glenys Huws (is-gynhyrchydd).

Cwmni Pwllheli – y cwmni cyntaf i actio *Brwyn ar Gomin* yn 1945.

Y cynhyrchydd oedd John Gwilym Jones (3ydd o'r dde, rhes gefn) ac aelodau'r cast oedd E. Price Richards, W. Glyn Owen, J.R. Cadwaladr, Tom Williams, J.R. Evans, Idwal Owen, Blodwen Jones, Sallie Jones, Eillen Davies, W. Jones Evans (cadeirydd) a W.J. Williams.

Cwmni Bethel (MC), Waunfawr a fu'n actio *Brwyn ar Gomin* yn 1945.

(O'r chwith) Gwladys, Mwynwen, James Post, Robert Morris, Gwynn Davies, Emlyn Davies, John Austin Jones.

Cwmni Aelwyd yr Urdd, Aberystwyth a fu'n actio *'Y Machgen Gwyn I* c.1945.

(Cefn) Rosie James, Efelyn Christian, Dick Parry, Agnes Mason, Glyn Williams, Elsi Williams.
(Blaen) T.J. Griffith, Norah Isaac (cynhyrchydd), R.E. Griffith, Gladys Morgan Jones, Emrys Thomas, Janet Kyffin.

Cwmni Aelwyd yr Urdd, Betws yn Rhos, a fu'n actio *Eldorado* yn Eisteddfod Genedlaethol Y Rhos yn 1945.

(O'r chwith) Bessie Roberts, Dafydd Jones, Gwynfor Jones, Nancy Jones.
Morris Jones oedd yn cynhyrchu a chawsant y wobr gyntaf.

Cwmni Aelwyd yr Urdd, Pentre-uchaf a fu'n actio *Y Ferch o Gefn Ydfa* c.1945-7.

(Cefn) David Evans, Huw Roberts, Richie Jones, Rowland Jones.
(Canol) Dan Roberts, Katie Jones, David John Hughes, Sydna Jones, Neli Evans.
(Blaen) Ellen Pritchard, Maggie Elin Pritchard, Y Parchg. R.G. Hughes (cynhyrchydd), Hughie Davies,
Olwen Pritchard.

Cwmni Cwm Nedd yn 1945.

Cwmni Tanygrisiau a fu'n actio *Cyfrinach y Fasged Frwyn* c.1946-7.

(Cefn) Mrs. Blodwen Hughes, Mr. John Lloyd Jones, Mr. Harri Hughes, Mr. Lewis Moelwyn Williams, Mr. Dafydd Price, Mrs. Elinor Parry.

(Blaen) Mrs. Griffiths, Mrs. Agnes Williams, Mrs. L. Lloyd Jones, Mrs. Eirwen Roberts, Gwilym Price.

Roedd y rhan fwyaf o'r cast yn aelodau o Ddosbarth C.A.G., Tanygrisiau.

Cwmni Y Felin-heli a fu'n actio *Canmlwydd* c.1946-7.

Y Parchg. Elfed Jones (canol y rhes gefn) oedd y cynhyrchydd ac yn nesaf ond un i'r chwith iddo, yn Sbaenaidd ei fwstas, mae neb llai na Richard Huws (Y Co' Bach).

Cymdeithas Ddrama Gymraeg Coleg Prifysgol Aberystwyth a fu'n actio *Doctor er ei Waethaf* yn 1946.

(O'r chwith) Harri W.Williams, Amy Parry-Williams (cynhyrchydd), Emlyn Hooson, Glyn Williams, Megan Thomas, Huw Tudwal Davies, Meirwen Harries, Dewi C. Jones, Jac Jones (llwyfan), Nansi James, Dafydd Morris Jones.

Cwmni Llangefni 1946.

Cwmni Glandŵr, Abertawe ar eu ffordd i actio *Dau Dylwyth* ac ennill yn Eisteddfod Genedlaethol Bae Colwyn, 1947. Mae'r cynhyrchydd, D.J. Thomas, yn eistedd ar risiau'r bws.

Cwmni Bethel (MC), Rhewl, Dinbych a fu'n actio *Maes-y-meillion* c.1947.

(Cefn) Price Jones, Cilla Edwards, Llew V. Jones, Dilys V. Jones, Ellis Lloyd Jones, Vincent Timothy, Gwilym Davies.

(Blaen) Dilys V. Roberts, Cyril L. Jones, Marian Williams, J.S. Roberts, Rhiannon Jones.

Cwmni Capel St. John Street, Caer a fu'n actio *Dau Dylwyth* yn 1947.

(O'r chwith) Eric Jones, Kitty Pritchard, Gwilym Roberts, David Evans, O.J. Roberts, Y Parchg. Griffiths Hughes (cynhyrchydd), Mona Pritchard, Marian Pritchard, R.C. Jones, John H. Jones.

Cwmni Llanllyfni, 1948.

(Cefn) Elfed Roberts, Owen Jones, Thomas Williams, W.R.Williams, Gwilym Parry, John Jones.
(Canol) Glenys Davies, Katie Williams, Glenys Roberts, Katie Roberts, Eleanor Williams, Lena Williams.
(Blaen) Y Parchg. O.E. Barnett, Dorothy Roberts, Owen Glyn Williams, Mair Parry, Hugh Hughes.

Yn ei llythyr diddorol soniodd Mrs. Mair Parry am ei phrofiad yn gynorthwy-ydd i Gwynfor – yr actor a'r dramodydd a Llyfrgellydd cyntaf Sir Gaernarfon. Fe gâi 'theori drama bron bob dydd' ac yn naturiol fe aeth y ddrama i'w gwaed. Yn y 50au bu'n actio rhan 'Ann', gwraig 'Guto' (Dick Hughes) yn y ddrama gyfres radio boblogaidd, 'Teulu'r Siop'. Prawf o eiddgarwch Cwmni Llanllyfni oedd eu parodrwydd i ddalu eu cyfarwyddwr, Mr. Owen Glyn Williams, am fynychu cyrsiau penwythnos.

Cwmni Capel Pendref (A), Rhuthun, 1948-9.

Bu'r cwmni hwn wrthi'n perfformio rhwng 1947 ac 1961 a bu'n teithio gwlad o Goed-poeth i Lanfair Caereinion.

Cwmni Pont-rhyd-y-fen a enillodd y wobr gyntaf yn Eisteddfod Genedlaethol Pen-y-bont ar Ogwr, 1948, ar ôl perfformio *Pryd o Ddail* yng nghystadleuaeth actio drama hir.

(Cefn) Clifford Griffiths, W.J. Rees, Sidney Davies (llwyfan), Gwilym Morgan.

(Canol) Katie Thomas (gwisgoedd), Herbert Davies (telynor Parti Penillion Pont-rhyd-y-fen a mab 'Sam y Delyn'), Edward J. Thomas (cynhyrchydd), D. Haydn Griffiths, Ivor Emmanuel (y canwr), Wynne Lloyd.

(Blaen) Rita Rosser, Betty Prosser, Gwladys Davies, Mair Thomas.

Chwaraewyr Garthewin yn y perfformiad cyntaf o *Blodeuwedd* yn 1948.
(gw. Hazel Walford Davies, *Saunders Lewis a Theatr Garthewin*, 120 passim.)

Cymdeithas Ddrama Gymraeg Coleg Prifysgol Bangor a fu'n actio *Lle Mynno'r Gwynt* yn 1948.
(Cefn) Wilbert Lloyd Roberts, Harri Thomas, Wil Griffiths, ? , Eirlys Pugh Owen, Dafydd Rowlands.
(Blaen) Eluned Davies, Eryd Hughes, John Rice Rowlands, Gwilym Humphreys, Beryl Stafford Thomas.
John Gwilym Jones a Wilbert Lloyd Roberts oedd yn cynhyrchu.

Cwmni'r Genhinen ar daith yn 1949 pan fuwyd yn actio *Hen Ŵr Y Mynydd* a Chynan yn cynhyrchu.

Y cwmni wrthi'n perfformio *Hen Ŵr Y Mynydd*.

(Cynan yw'r gŵr â'r ffon yn ei law).

Cwmni Capel Bethel (MC), Waunfawr a fu'n actio *Y Merlyn Main* yn 1949.

(Cefn) R. Gwynn Davies (llwyfan), T.H. Williams, Albert Jones, Emlyn Davies, Tom Ellis Jones.

(Blaen) Mrs. Winnie Lloyd Jones, Robert Morris Jones, W. Vaughan Jones, Miss Gwladys Lewis, John Austin Jones (coluro).

Y dramodydd a'r cynhyrchydd oedd W. Vaughan Jones (Wil Fôn), mathemategydd disglair a gŵr tra amryddawn a oedd yn byw i'r ddrama, fel ei gyfaill mawr John Gwilym Jones a gredai mai Robert Morris Jones oedd 'actiwr gorau Cymru'.

Cwmni Llangeitho c.1949

Y cynhyrchydd (canol y rhes flaen) oedd yr athrylithgar Dai Williams, Tregaron ac roedd hwn yn un o'r chwe chwmni a fu'n cystadlu yng Nghystadleuaeth Chwarae Drama Cymdeithas Ddrama Is-caron yn flynyddol rhwng 1943 ac 1948, ac eto yn 1951. Y pump arall oedd Berth, Blaenafon, Bwlch-llan (a enillodd bedair gwaith), Llanddewibrefi a Llwynpiod. Mae'r hanes am y gystadleuaeth hon, fel y'i cefais gan Mair Lloyd Davies (yr actores orau bob blwyddyn!), yn dweud y cyfan am afael y ddrama o hyd ar werin gwlad ym mlynyddoedd canol y ganrif. Does ryfedd fod Eic Davies wrth ei fodd yn beirniadu yno.

Cwmni'r Gwter Fawr, Brynaman yn 1949.

(Cefn) Eifion Davies, Les Davies, Delme Bryn Jones (y canwr o fri), Henry Tom Jones.
(Canol) Kendall Isaac, Dewi Moses, Eic Davies (yr oedd drama yn bopeth iddo), Evan Jones, Ken Pugh, Caron Jones.
(Blaen) Wynford Connick, Enid Rogers, Nora Hughes, Elfyn Talfan Davies (ysgogwr amhrisiadwy). Gladys Connick, Sal Samuel.
Elfyn Talfan Davies ac Eic Davies fyddai'n cynhyrchu a pha ryfedd, felly, fod afiaith yn gyfystyr ag enw Cwmni'r Gwter Fawr.

Cymdeithas Ddrama Gymraeg Coleg Prifysgol Aberystwyth a fu'n actio *Y Ddeuddyn Hyn* yn Neuadd y Brenin yn 1949.

(Cefn) Wynne Davies, Margot Evans, W.J. Jones, Beti Wyn James.
(Blaen) Aled Lloyd Davies, Elvet G. Williams (cynhyrchydd), Louie Jones, Alun Davies, Maureen Griffiths, Gwyndaf Parry, Harry Davies, D.B. Clay Jones, Carys Richards

Cwmni Llanbedr Pont Steffan a fu'n perfformio *Tlawd a Balch* yn Eisteddfod Genedlaethol Dolgellau, 1949, pan gawsant yr ail wobr am actio drama un act.

(Cefn) Dorothy James, Maggie Jones (gwisgoedd), Oliver Williams (cynhyrchydd), Olive Williams.
(Blaen) Lena Williams, Helen Williams.

Cwmni Glan-y-môr, Pwllheli a fu'n actio *Llywelyn Fawr*, 1949-50.

(Cefn) Eilir Thomas, R. Aethwy Jones, ? , ? , Gruffydd Parry (cynhyrchydd), Walter Jones, Robert Wyn Jones.
(Canol) Huw Roberts, Bob Edwards, Glyn Owen, Emlyn Jones, Fred Buckingham, Idwal Owen, E.O. Humphreys.
(Blaen) Kit Parry, ? , Mona Rees Owen, Joyce Owen, Ann Williams, Ned Richards, Dilys Jones, Siân Emlyn, ? , Sally Jones, ?.

Cwmni Bodffari tua diwedd y 40au yn actio *Y Bluen Aur*.

Cwmni Edna Bonnell, Pwll a gipiodd y tlws mewn Gŵyl Ddrama ym Mhontyberem tua diwedd y 40au.

(Cefn) Bryn Bonnell, Tom Davies, Huw Barney.

(Blaen) Megan Rees, Edna Bonnell, Dorothy Jennings, Edwina Barney.

Cwmni Carreg-lefn, Môn tua diwedd y 40au.

(Cefn) Idwal Jones, W.J. Jones, Owen Owen, Wil Roberts, John Griffiths, Harri Owen, Elwyn Hughes.
(Blaen) Lena Roberts, Robert Jones (cynhyrchydd), Meri Jones, Magi Elen Hughes.

Cwmni Resolfen 'mawr ei fri' yn y 40au yn actio *Y Joan Danvers.*

(O'r chwith) Annie Smith Rees, Sam Jones, Min Smith, Dai Jones, Myrddin Jeffrey, David Dan Herbert,
Rachie Evans Davies, Ada Rees.

Cwmni Resolfen eto'n actio *'Y Machgen Gwyn I* yn y 40au.

(Cefn) Ieuan Davies, Ada Rees, ? , Idwal Williams, Rebecca Smith, Sam Jones, ?

(Blaen) Min Smith, Dai Jones, Annie Smith Rees, Maude Williams Harries, David Dan Herbert.

Cwmni Teulu Penffordd, Bodffordd (Teulu Charles Williams) ar lwyfan ysgoldy Capel Gad yn ystod y 40au.

(Cefn) Cledwyn Rowlands, Dennis Hughes.

(Blaen) Charles Williams (wrth ei waith), Jennie (ei wraig gyntaf), Alun, Tomi, Emrys, Jack (ei frodyr), Willie a Glyn (ei fechgyn).

Y mae'r llun hwn yn distyllu pleser y ddrama leol.

1950 – 1959

Cwmni Cymdeithas Gymraeg Coleg Harlech a fu'n actio *Canwyllbrennau'r Esgob* yn 1950.

(Cefn) D. Tecwyn Lloyd (cynhyrchydd), Mel Howells, Alun Roberts, John Gwilym Owen, Stanton Evans.

(Blaen) Joan Davies, Cadfan Owen, Valmai Jones.

Cwmni Llannerch-y-medd yn dathlu Gŵyl Ddewi yng Nghlwb Cymry Llundain yn 1950.

(O'r chwith) Owen Parry, Mari Huws, Alun Williams, Annie Hughes, John Huws (Stamp), Megan Lloyd George, R. Rees Lewis, Megan Roberts, Richie Hughes, Cassie Roberts.

Cwmni Paradwys, Môn a fu'n actio *Modur y Siopwr* c.1950.

(Cefn) Huw Williams, Leonard Roberts, Huw Hughes, William Owen, Huw Jones.
(Canol) Eurwen Jones, Dolcie Roberts, Dwynwen Hughes.
(Blaen) Megan Williams (cofweinydd), Emyr Jones (cynhyrchydd), ?.

Cwmni Llangoed, Môn a fu'n actio *Awel Gref* c.1950.
(O'r chwith) John L. Williams (cynhyrchydd), John A. Walters.

Cwmni Drama Llangeitho yn 1951.
(O'r chwith) Dai Puw, Mari Griffiths, Gwyn Rees.

Arloeswyr yn troi hen adeilad ym Mhlas Pencraig yn Theatr Fach Llangefni c.1951.

(Cefn) W.H. Roberts (ar yr ysgol), George Fisher (wrth ei ymyl yn dal papur), Llew Jones (wrth ymyl Fisher), ?.

(Blaen) ?, Slade?, Bobi Jones (sydd cystal llifiwr ag erioed), ? , Brindle Jenkins, Warren Morris, Glyndwr Thomas.

Cwmni Heddlu Wrecsam a fu'n actio *Y Tarw Coch* yng Ngŵyl Ddrama Fflint a Dinbych rhwng 1948-52.

Syniad yr Arolygydd Hywel Thomas sy'n sefyll y tu ôl i'r blismones, Alice Giller, oedd sefydlu'r cwmni ac ef oedd y cynhyrchydd. Aelodau eraill y cast oedd W.G. Trivett, Dafydd M. Hughes, Cyril Edwards a Dafydd Jones. Beth fyddai hanes y ddrama Gymraeg heb blismyn?

Chwaraewyr Moss, Y Maerdy a enillodd y brif gystadleuaeth ddrama yn Eisteddfod Genedlaethol Aberystwyth, 1952, pan berfformiwyd *Llygad y Geiniog*.

Dathlu'r fuddugoliaeth.

Cwmni Glan-y-môr, Pwllheli a fu'n actio 'Y Machgen Gwyn I c. 1952-3 mewn Gŵyl Ddrama.

(O'r chwith) Huw Roberts, Fred Griffiths, Bob Edwards, Glyn Owen, Y Parchg. Emrys Cleaver (y beirniad), Doris Aethwy Jones, Dilys Jones, Margaret Cadwaladr, Joyce Owen, Eileen Davies, Ann Williams, Elizabeth Hughes Jones, Eric O. Humphreys.

Cwmni Llanbedr Pont Steffan a fu'n actio Y Joan Danvers yn 1952-3.

(Cefn) Aneurin Jenkin Jones, M. Williams (gwisgoedd), Jenkin Jones, Dilys Thomas, William Thomas, Sali Davies, Arthur Roderick, Nansi Robertson, Alun Creunant Davies.

(Blaen) David Morgan, Maureen Jones, Lena Williams, Eirwyn Lloyd, Helen Williams, Oliver Williams (cynhyrchydd), Olive Williams, Geinor Lewis.

Cwmni Tynygwndwn, Dyffryn Aeron a fu'n actio *Glo Caled* yn 1953.

(Cefn) Dai Williams, John Davies (cynhyrchydd), J. Stanley Jones, Tom Owen, Wil Davies.
(Blaen) Ray Bracker, Grett Jenkins, Rachel Ellen Thomas, Getta Williams, Mair Richards.

Ffurfiwyd y cwmni yn 1919 a byddai'n perfformio ar nos Nadolig a noswyl San Steffan yn flynyddol, yn ogystal â 'mynd allan i'r wlad' yn ôl y galw. Bu wrthi tan 1973.

Y Cwmni ar y llwyfan.

(O'r chwith) Dai Williams, J. Stanley Jones, Grett Jenkins, John Davies (cynhyrchydd), Getta Williams, Tom Owen, Rachel Ellen Thomas, Wil Davies.

Cwmni Aelwyd yr Urdd, Aberystwyth a fu'n actio *Pen Llanw* yn 1953.

(O'r chwith) Mostyn Dummer, Neli Davies (chwaer Cassie Davies), Alun Rowlands, Emyr Wyn Griffith, Llywelyn Phillips, Gwennant Davies, Dafydd Morris Jones.

Chwaraewyr Garthewin a fu'n actio *Nos Ystwyll* yn 1953.

(gw. Hazel Walford Davies, *Saunders Lewis a Theatr Garthewin*, 181 passim).

Cwmni Coleg Hyfforddi Y Barri a fu'n actio *Troelus a Chresyd* yn 1953.
Y cynhyrchydd oedd Norah Isaac.

Cwmni'r Gwter Fawr, Brynaman a fu'n actio *Pobl yr Ymylon* yn y brif gystadleuaeth ddrama yn Eisteddfod
Genedlaethol Y Rhyl, 1953.

Y cwmni a'r cefnogwyr wedi'r fuddugoliaeth.

(Blaen) Eic Davies (1af ar y chwith), Elfyn Talfan Davies (3ydd o'r dde).

Cwmni Glan-y-môr, Pwllheli a enillodd y brif gystadleuaeth ddrama ar y ffordd i Eisteddfod Genedlaethol
Ystradgynlais, 1954, i berfformio 'Y Machgen Gwyn I.

(Cefn) Eric O. Humphreys, Huw Roberts, John Cadwaladr, Glyn Owen.
(Canol) Elizabeth Hughes Jones, Doris Aethwy Jones, Margaret Cadwaladr, Fred Griffiths.
(Blaen) Beti Thomas, Ann Williams, Dilys Jones.

Cwmni Tyn-y-gongl, Môn a fu'n actio *Canwyllbrennau'r Esgob* ar ddechrau'r 50au.

(Cefn) Owen J. Griffiths, Gwilym Griffiths, Emrys Jones (cynhyrchydd), Gwylfa Parry.
(Blaen) Nansi Roberts, Marian Jones.

Cwmni Peniel (MC), Llan-non, Ceredigion a fu'n actio *Cyfrinach y Cybydd* ar ddechrau'r 50au.

(Cefn) Mr. Wil Williams, Mr. Williams, Morfa Mawr, Mr. Enoc Jones, Mr. R.R. James, Mr. Evans y Co-op, Mr. Rhystud Edwards, Mr. Granville Edwards, Mr. C. Jones (gyrrwr y bws), Mr. J. Evans, Mr. A. Davies.
(Blaen) Mr. Evans, Mrs. Evans, Tŷ Capel, Mrs. A.M. Jones, Y Parchg. Eben Ebeneser (cynhyrchydd), Miss Jones, Emporium, Miss Serra Morris.

Bu'r cwmni'n perfformio o Dal-y-bont i lawr hyd at Farmers yn 'Shir Gâr'.

Cwmni Hermon (B), Y Glog, Penfro a fu'n actio *Maes-y-meillion* ar ddechrau'r 50au.

Cwmni Caersalem (A), Llanddulas a fu'n actio *Yr Offeryn* ar ddechrau'r 50au.

(Yn sefyll) Gwilym Williams, Edward Pritchard, Mrs. Davies, J.O. Davies, Nellie Evans, Bob Hughes.
(Yn eistedd) Mrs. Phyllis Hughes (cynhyrchydd), Margaret Hughes, Herber Pritchard.

Sefydlwyd y cwmni gan y Parchg. J. Glyn Hughes, a'i wraig oedd y cynhyrchydd cyntaf. Wedi iddynt symud i Fethesda yn 1956, cyfarwyddwyd y cwmni gan Herber Pritchard a fu'n aelod o Chwaraewyr Garthewin ac fe'u gosodwyd yn ail yn y brif gystadleuaeth ddrama yn Eisteddfod Genedlaethol Llandudno, 1963. Darfu am y cwmni gyda marw Herber Pritchard.

Cwmni Seion (A), Y Glais, Cwm Tawe yn y 50au.

(Cefn) Willie Harris, Dai Jones, Bronwen Jenkins, Benny Banford, Katherine Williams, Dewi Jenkins, Ceinwen Howell.

(Blaen – yn eistedd) Will Kirkhouse, Willie Griffiths.

Cwmni Libanus (A), Pwll a fu'n actio *Gwraig y Ffermwr* yn y 50au.

(Cefn) Nancy Weller, Jack Jones, John Rees, Desmond Gower, John Jones, Bryn Bonnell, Goronwy Thomas.

(Blaen) Hugh Barney, Edna Bonnell, Edwina Barney, Brenda Davies, Audrey Ephgrave.

Cwmni Blaen-y-ffos, Penfro a fu'n actio *Yr Hen Anian* yn ail hanner y 50au.

(Cefn) Dilwyn Thomas, Idwal Lloyd, Alfred Giles.
(Blaen) Iris Thomas, Mrs. Davies.

Bu'r cwmni hwn yn weithgar rhwng 1955-63 dan sbardun Idwal Lloyd, prifathro Ysgol Blaen-y-ffos. Cawsai ef ei ysbrydoli gan brifathro Ysgol Sir Abergwaun a'i dysgodd i goluro, sef Mr. Owen Gledhill, B.Sc., Sais amryddawn o Swydd Efrog ac 'athro da a oedd flynyddoedd o flaen ei amser'.

Cwmni Llannerch-y-medd c.1955.

(Cefn) Annie Hughes, Richie Hughes, Eric Williams, Elwyn Williams, Jean Jones, Evan Owen.
(Blaen) ?, Mari Huws, John Huws (Stamp) (cynhyrchydd).

Cwmni Llangristiolus, Môn a fu'n actio *Y Ddau Dylwyth* yn 1956.

(Cefn) Gwen Rowlands (cofweinydd), Tom Rowlands, Ken Herbert, Leslie Jones (trydanwr), Ceiniol Davies, Glyn Gruffydd, Megan Lloyd Jones, Ifan Gruffydd (cynhyrchydd).
(Blaen) Gareth Rowlands, Huw Williams, Nellie Owen, Elsie Jones, Stanley Jones.
(Ar lawr) Gareth Williams.

Cwmni Ceredigion a fu'n actio *Antigone* (Anouilh) yng Ngŵyl Ddrama Môn yn 1956.

(Cefn) Tudor Jones, T. James Jones, Jenkin Jones, J. Stanley Jones, Mary Lewis (cyfieithydd a chynhyrchydd), Grace Jones, Ithel W. Jones, Sali Williams, Aneurin Jenkins-Jones, Dafydd G. Jones.
(Blaen – yn eistedd) Nansi Lewis, D. Alwyn Jones.

Sefydlwyd Cwmni Ceredigion dan nawdd Cyngor Gwlad Ceredigion i gyflwyno rhai o weithiau J. Kitchener Davies yn Eisteddfod Genedlaethol Aberdâr, 1956. Fe'u gwahoddwyd i berfformio *Antigone* yn Eisteddfod Genedlaethol Glyn Ebwy, 1958.

Cwmni Cymdeithas Ddrama Gymraeg Llandudno a fu'n actio *Adar Brithion* yn 1956.

(O'r chwith) Elwyn Griffiths, Morwena Jones, Bob Roberts, Ceri (?), Dafydd Williams, Eirian Evans, Huw Tudno Williams, Doris Hughes, Tom Roberts.

Tarddodd y cwmni hwn o ddosbarth Cymraeg a gynhelid gan y Parchg. Lewis Valentine yn Llandudno, 1928-9. Fe'i sefydlwyd yn ffurfiol yn 1930 gyda help John Gwilym Jones a W. Vaughan Jones (Wil Fôn) a pharhaodd tan 1984.

Y cwmni wrthi eto yn perfformio *Cŵyr Crydd yn* 1956.

(O'r chwith) D.R. Jones, Mair Lloyd, Dafydd Williams, Jane E. Jones.

Cynhyrchwyd y ddwy ddrama gan Morris Jones, y gŵr arbennig hwnnw a sicrhaodd ffyniant Theatr Garthewin ac y canodd Hazel Walford Davies ei glodydd yn *Saunders Lewis a Theatr Garthewin,* 79 passim.

Cwmni Cymdeithas Gymraeg Birmingham (athrawon bob un) a fu'n actio *Na Fernwch* yn y 50au diweddar.

(Cefn) Eirwyn Evans (Nefyn), Carys Williams, (Boduan), Dewi Davies (Dre-fach, Llandysul), Graham
   Jones (Pump-hewl, Llanelli – cynhyrchydd).
(Canol) Dilys Elias (Bow Street), Beti Wyn Davies (Crymych).
(Blaen) Mair Owens (Aber-soch), Wil P. Williams (Morfa Nefyn).

Bu'r cwmni'n perfformio yn ne a gogledd Cymru er mwyn cadw Clwb Cymraeg Birmingham yn fyw, ac er
iddo chwalu ar ddechrau'r 60au glynodd chwech o'r actorion wrth ei gilydd mewn tair priodas – Dewi a
Mair, Eirwyn a Beti, Wil a Dilys. 'Ensemble playing' mewn difrif!

Cwmni Resolfen a fu'n actio *Help Llaw* (*Chwith*) yn 1957.

(Cefn) Arthur Sims Davies, Tudor Walters, Eurof Hopkins.
(Blaen) Jean Godsall, Bess Morgan Davies, Annie Smith Rees.

Cwmni Soar, Llanbedr Pont Steffan a fu'n actio *Porth Ewyn* yn 1957.

(Cefn) Mrs. B.J. Jones, David Emlyn Evans, ? Thomas, Tom Williams, Morgan Davies, Eiddwen James
(cynhyrchydd), Del James, Maldwyn Hughes, Cyril Evans, Myra Evans, Alwyn Thomas.
(Blaen) Ineg Rees, B.J. Jones, Gwenlyn ? , Mary James, Vera James, Mrs. Burgess Jones, Mrs. Jenkins, Miss
Cissie James.

Cwmni Coleg Hyfforddi Y Barri a fu'n actio *Llywelyn Fawr* yn 1957 a Norah Isaac yn cynhyrchu.

Cwmni Cymdeithas Ddrama Gymraeg Llandudno a fu'n actio *Y Fflam Leilac* yn 1958 a Morris Jones yn cynhyrchu.

(O'r chwith) Jennie Williams, Huw Tudno Williams, Glasfryn Howells, Jane E.Jones, D.R. Jones, Leslie Michael, Dafydd Williams.

Cymdeithas Ddrama Gymraeg Coleg y Drindod, Caerfyrddin a fu'n actio *Blodeuwedd* yn 1958 a Norah Isaac yn cynhyrchu.

Y Gymdeithas wrthi eto yn 1958 yn actio *Amlyn ac Amig* a Norah Isaac yn cynhyrchu.

Cwmni Dan Matthews a fu'n actio *Mari'r Forwyn* yn 1958.

(O'r chwith) D.J. Hiddlestone, ? , Annie Jane Grey, Dan Matthews, Meredith Matthews, Arthur Williams.

Ymhen tair blynedd byddai Dan Matthews yn ei fedd. Buasai ar lwyfan y ddrama Gymraeg am drigain mlynedd.

Cwmni Annell, Crug-y-bar a fu'n actio *Dirgel Ffyrdd* yn 1958-9.

(Cefn) Mr. Luther Davies (cynhyrchydd – prifathro Ysgol Crug-y-bar), Mr. G. Davies, Mr. Emlyn Davies, Mr. B. Jones, Mr. E. Bowen (gyrrwr y bws).

(Blaen) Miss Jean Jones, Miss M. Davies, Miss S. Evans,Mrs. S. Evans, Miss N. Jones.

Cwmni Glan-y-môr, Pwllheli a fu'n actio *Dyn ag Arfau* yn 1959.

(O'r chwith) Beti Thomas, Glyn Owen, Eric O. Humphreys, Dilys Jones, J.R. Cadwaladr, Elizabeth Hughes-Jones, Fred Griffiths.

Cwmni Cricieth a fu'n actio *Eisteddfod Bodran* yn Eisteddfod Genedlaethol Caernarfon, 1959, a Gŵyl Ddrama Gystadleuol Dinbych, 1959.

Y 4ydd o'r chwith yn y cefn yw'r cynhyrchydd, Elis Gwyn (Jones), a'r 5ed yw Stewart Jones a chwaraeodd ran 'Manawydan O'Leary'. Ymddengys mai hon oedd y ddrama gyntaf iddo actio ynddi. Enillodd y cwmni yn yr ŵyl ond collodd yn y Brifwyl.

Y Cwmni a'r cefnogwyr mewn hwyliau da.

(Cefn) Yn 3ydd a 4ydd o'r chwith, Elis Gwyn a'i frawd, Wil Sam, a fyddai'n gwneud cyfraniad nodedig yn 'Y Gegin' yn y 60au.

Cwmni Glyndyfrdwy a enillodd Darian Gŵyl Ddrama Dolgellau yn 1960 ar ôl perfformio'r ddrama un act, *Noddfa*.

(Cefn) Reg Roberts, David Williams, Mona Williams, Hilda Jones, Florence Jones, Eirlys Hughes, Dilwyn Jones.

(Blaen) Mary Williams, K.M. Jones, Gladys Roberts, Edith Griffiths.

Cwmni Ceredigion a fu'n actio *Dedwydd Briodas* ar ddechrau'r 60au.

Cyfieithwyd drama J.B. Priestly, *When We are Married*, gan sefydlydd y cwmni, Mary Lewis, a gyda'i marw hi yn 1960 a Dan Matthews yn 1961 yr oedd y ddrama Gymraeg yn gweld cenhedlaeth egnïol o gymwynaswyr yn diflannu o'i llwyfan a chenhedlaeth ifanc, hyderus yn brysio i gymryd ei lle. Cynhyrchwyd perfformiadau Cwmni Ceredigion tan 1972 gan Ithel W. Jones. [Yn y rhes gefn mae dau o'm hathrawon yn Ysgol Ramadeg Aberaeron, y diweddar Mr. Tudor Jones (3ydd o'r chwith) a Mr. Basil Lewis (6ed o'r chwith].

AR LWYFAN AWR

W.J. Gruffydd (1881-1954), awdur *Beddau'r Proffwydi* (1913)

J.O. Francis (1882-1956), dramodydd y bu chwarae mawr ar gyfieithiadau o'i ddramâu, megis *Deufor Gyfarfod, Y Potsier, Y Bobl Fach Ddu* a *Gwyntoedd Croesion*.

R.G.Berry (1869-1945) a roes ddramâu poblogaidd iawn i'r cwmnïau eu hactio, megis *Ar y Groesffordd, Noson o Farrug, Asgre Lân, Y Ddraenen Wen, Dwywaith yn Blentyn* ac *Yr Hen Anian*.

D.T. Davies (1876-1962) a wnaeth yr un gymwynas â mudiad y ddrama trwy ysgrifennu *Ephraim Harris, Ble Ma Fa?, Y Dieithryn, Ffrois, Castell Martin* a *Pelenni Pitar*.

Idwal Jones (1895-1937) a greodd un o gymeriadau mawr y ddrama Gymraeg yn *Pobl yr Ymylon*, sef 'Malachi Jones'. Yn dilyn honno ysgrifennodd *Yr Anfarwol Ifan Harris*.

T.O. Jones (Gwynfor), (1875-1941) yn chwarae rhan 'Y Tywysog Llewelyn' yn *Llewelyn ein Llyw Olaf* Beriah Gwynfe Evans yn 1903.

Dan Matthews (1876-1961) yn derbyn teyrnged ei edmygwyr ym Mhontarddulais yn 1950 pan oedd wedi treulio'r rhan orau o drigain mlynedd ar lwyfan y ddrama Gymraeg.
(O'r chwith) Ceinwen Matthews, Morfa Jones, D.J. Hiddlestone, Conrad Evans, Dan Matthews, Annie Matthews, Meredydd Matthews, Blodwen Griffiths, Johnnie Williams.

J.J. Williams (1884-1950) cyfarwyddwr athrylithgar Cwmni Drama Chwaraewyr y Gogledd ym Mangor a Chymdeithas Ddrama Gymraeg Coleg Prifysgol Bangor. Nid oedd ei well yn ei ddydd. Bu'n brifathro Ysgol y Cefnfaes, Bethesda ac wedi hynny yn Ddirprwy Gyfarwyddwr Addysg Pen Bedw.

J.P. Walters (1874-1934) yn chwarae rhan Tomos Bartley yn gofiadwy. Fe fu'r actor penigamp hwn yn un o bileri'r ddrama yn Abertawe ac fel y dywedwyd yn *Y Ford Gron* pan fu farw: 'Nid ar chwarae bach y ceir telpyn o athrylith ddramâol tebyg iddo'.

Y Parchg. E.R. Dennis (1882-1949), gweinidog yr Hen Dŷ Cwrdd yn Aberdâr am 34 blynedd a'r mwyaf dawnus a blaengar o'r gweinidogion a fu'n gefn i'r ddrama. Gwnaeth fwy na neb i sicrhau agor y Theatr Fach yn Aberdâr yn 1931 a gwasanaethodd y mudiad drama yng Nghwm Cynon fel cyfarwyddwr a beirniad tan gamp am 30 mlynedd. Trefnwyd tysteb iddo yn 1948 a'i ddisgrifio yn y wasg leol fel 'happy warrior' y mudiad drama.

John Ellis Williams (1901-75), y tyst gorau i fwrlwm y mudiad drama fel y prawf *Inc yn fy Ngwaed* (1963).

Tom Griffiths, y *Mercury*, Llanelli yn chwarae rhan 'Bili' yn y gomedi enwog (ac ofnadwy yn ôl rhai!) o'r un enw. Sôn am 'Just William'!

Cynan (1895-1970) fel 'Twm Huws o Ben-y-Ceunant' yn ei gyflwyniad o 'Ynys yr Hud' (W.J. Gruffydd). Cynan oedd Donald Wolffit Cymru a gŵyr pawb am ei gampau yn actor, cynhyrchydd a dramodydd.

Jack James, athro ym Mlaenclydach, Rhondda yn actio 'Macbeth' yn y perfformiad o gyfieithiad T. Gwynn Jones yn Eisteddfod Genedlaethol Caerdydd, 1938. Yr oedd gyda'r gorau o actorion amatur Cymru.

Grace Thomas, Pentraeth yn 1899.

Cassie Davies (1898-1988) a sicrhaodd fod merched Coleg Hyfforddi Y Barri yn cael pob cyfle i actio pan oedd hi'n ddarlithydd yno. Gwnaeth argraff arhosol ar Norah Isaac.

Ceinwen Smith Owen (1899-1978), un arall o actorion campus Pontarddulais ac adroddreg 'Genedlaethol' o fri a hyfforddodd nifer fawr o blant Y Bont i berfformio ar lwyfan drama ac eisteddfod. Y mae ei hôl i'w weld ar un o'i hwyrion – y darlledwr Garry Owen.

Mary Lewis (née Hughes) a fu farw yn 1960 ar ôl cynnal y ddrama Gymraeg yn dra dawnus yn Abertawe a Cheredigion fel actores, cyfarwyddreg a chyfieithydd.

Nora Jones a Raymond Edwards – dau o actorion mwyaf talentog Chwaraewyr Garthewin. Gwnaeth Nora Jones enw iddi'i hun yn 1950 wrth chwarae rhan Nora Helmer yn *Tŷ Dol* (Ibsen).

Oliver a Lena Williams o 'Lambed' a 'wisgodd lan' droeon i hyrwyddo'r ddrama yng Ngheredigion ar ôl yr Ail Ryfel Byd.

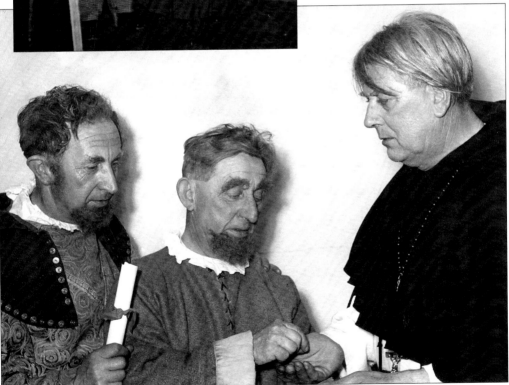

Tri o'r glewion a fu'n actio yn *Luther* (John Osborne) ar ddechrau'r 60au. (O'r chwith) John Huws (Stamp), Ifan Gruffydd ('Y Gŵr o Baradwys') a W.H. Roberts.

Selogion Cymdeithas Ddrama Gymraeg Abertawe yn anrhydeddu'r Athro Stephen J. Williams yn Theatr y Grand adeg Prifwyl Abertawe, 1964, yn rhinwedd ei hir lafur cariad dros y ddrama a'r Gymdeithas. Y mae'n ysgwyd llaw â Mrs. Mari Shirley, merch D.R. Hughes, un o sylfaenwyr y Gymdeithas, a oedd yn gwerthu rhaglenni yn yr Ŵyl Ddrama gyntaf yn 1919. Bu'n actio droeon yn ddiweddarach ac eleni y mae'n 90 oed ac wrth ei bodd yn sôn am yr hwyl a fu. Hir y parhaed.

Y CYMWYNASWYR

Edwina Barney, Pwll.
Edna Bonnell (y diweddar), Pwll.
Emily Glyn Cannon,
Eirlys Cobley, Deganwy.
Olwen Cottle, Dinbych.

Cennard Davies, Treorci.
Eluned M. Davies, Tremeirchion
Glyn Davies, Rhuthun.
Leslie Davies, Cwmaman, Aberdâr.
M. Davies, Ffarmers.
Mair Davies, Rhuthun.
Mair Lloyd Davies, Tregaron.
Mary B. Davies, Waun Fawr, Aberystwyth.
R. Gwynn Davies, Waunfawr, Caernarfon.

W.J. Edwards, Caerfyrddin.
Marian Elias, Y Groeslon.
Catherine Ellis, Llannerch-y-medd.
Mari Ellis, Aberystwyrh.
Beti Wyn Evans, Rhuthun.
Conrad Evans, Caerfyrddin.
Enid Evans, Glanaman.
Gwenda Evans, Llithfaen.
May Evans, Y Glais.
Megan J. Evans, Penparcau.
Meirion Evans, Porth Tywyn.
Olwen Evans, Machynlleth.
Reggie Evans, Saron, Llandysul.
T.W. Evans, Llandybïe.
William Evans, Llanrhystud.
Delyth Eynon, Llanddarog.

Liz Fidler, Bryn, Llanelli.

Olwen Griffith, Creigiau.
Bidi Griffiths, Aberaeron.
Edith Griffiths, Carrog, Corwen.
Paul Griffiths, Y Felinheli.
Eleri Gwyndaf, Caerdydd.
Robin Gwyndaf, Amgueddfa Werin Cymru..
Eirwen Gwynn, Tal-y-bont, Ceredigion.

Glenys Howells, Aberystwyth.
William Howells, Llyfrgellydd y Sir, Aberystwyth.
Beti Hughes, Pont-rhyd-y-fen.
John Hughes, Llangernyw.
J. Elwyn Hughes, Bethel, Caernarfon.
J. Glyn Hughes, Porthaethwy.

Beti ab Iorwerth, Bontnewydd.
Norah Isaac, Caerfyrddin.

A.M. James, Llan-non, Ceredigion.
Glyn James, Ferndale.
Olwydd James, Hendy-gwyn.
Grett Jenkins, Temple Bar.

Alice Jones, Rhosbodrual, Caernarfon.
Dafydd Morris Jones, Llanddewi Aber-arth.
Dafydd Parry Jones, Llanrwst.
Dewi Jones, Benllech.
Eluned Jones, Llanelli.
Emyr Jones, Caernarfon.
Gweneirys Jones, Waunfawr, Caernarfon.
Harry Jones, Abertawe.
Huw a Beryl Jones, Dolgellau.
Iona Jones, Coety.
Ithel Wyn Jones, Tal-y-bont, Ceredigion.
Margaret Jones, Port Talbot.
Meurig Jones, Caerdydd.
Nansi Jones, Porthaethwy.
Nora Jones, Bangor.
Olwen Jones, Llanfechell, Amlwch.
Phylip Jones, Resolfen.
Richard T. Jones, Benllech.
Robin Jones, Conwy
Sarah E. Jones, Dinbych.

Marian Lake, Caerdydd.
Gwynn M. Lewis, Ponterwyd.
Nan Llewelyn, Treorci.
Idwal Lloyd, Abergwaun.
Megan Lloyd, Pentraeth.

Alun ac Eleanor Mathias, Caerdydd.
Gaynor Miles, Pontarddulais.
Eirwen Morgan, Amlwch.
Menai Morgan, Gorseinon.
Glenys Morris, Llanbedr Pont Steffan.

Edna M. Owen (y diweddar), Caer.
Garry Owen, Y Fforest, Pontarddulais.
George Owen, Caerdydd.
Ifor Owen, Llanuwchllyn.
Orwig Owen, Gors-las.
Valmai Owen, Waun Fawr, Aberystwyth.
William Owen, Porthmadog.

Mair Parry, Llanllyfni.
Mair Penri, Parc, Y Bala.
Defi Powell, Myddfai.
Huw Pritchard, Creigiau, Caerdydd.

Bobi Morris Roberts, Aberhonddu.
D. Lloyd Roberts, Cricieth.
Eifion Roberts, Corwen.
Enid Roberts, Bangor.
Glenys Roberts, Yr Wyddgrug.
Huw Roberts, Pwllheli.
Huw G. Roberts, Cricieth.
Olwen M. Roberts, Aughton, Swydd Gaerhirfryn.
R. Gwynfor Roberts, Llandudno.
Wyn G. Roberts, Pwllheli.

Phil Rosser, Llyswyrny, Y Bont-faen.

Sal Samuel, Cwm-gors.
Val Scott, Yr Eglwys Newydd, Caerdydd.
Mari Shirley, Gorseinon.

Arwyn Thomas, Casnewydd.
Bethan Thomas, Cross Hands.
Danny Thomas, Gorseinon.
Dianne Thomas, Pontarddulais.
Dulyn Thomas, Cei Newydd.
Mair Thomas, Brynaman.
Mair Eluned Thomas, Y Gilfach-goch.
Luned Tudno, Trefdraeth.

Huw Walters, Llyfrgell Genedlaethol Cymru.
John Walters, Pontarddulais

Agnes Williams, Maesteg.
Berwyn Williams, Llanfairfechan.
Beti Wyn Williams, Clawdd Newydd, Rhuthun.
Ceinwen Williams, Llandegfan.
Dafydd Glyn Williams, Cricieth.
Dewi W.Williams, Llangefni.
Eirian Williams, Rhostryfan.
Elizabeth Vaughan Williams, Eglwys-bach, Dinbych.
Emrys Williams, Llangefni.
Griff Williams, Pontarddulais.
Gwyneth Williams, Mynydd Cerrig.
Huw a Megan Williams, Lôn Groes, Y Gaerwen.
Irene Williams, Cwm-ann.
John L. Williams, Llanfair Pwllgwyngyll.
Menna Williams, Bae Colwyn.
Oliver Williams, Yr Eglwys Newydd, Caerdydd.
Selwyn Williams, Pontarddulais.

DRAMÂU Y CYFEIRIR ATYNT YN Y CAPSIYNAU

DRAMÂU HIR

Aeres Maesyfelin, Rhys Evans, c. 1917-18.
Amlyn ac Amig, Saunders Lewis, 1940.
Ar y Groesffordd, R.G. Berry, 1914.
Asgre Lân, R.G. Berry, 1916.
Awel Dro (comedi), Ieuan Griffiths (=D. Matthew Williams), 1934.

Bili (comedi), Rhys Evans.
Beddau'r Proffwydi, W.J. Gruffydd, 1913.
Blodeuwedd, Saunders Lewis, 1948.
Brwyn ar Gomin, W. Vaughan Jones, 1945.
Bugail y Fan, J.D. Williams.

Capten Harriet (comedi), John Griffiths, 1957.
Castell Martin (comedi), D.T. Davies, 1920.
Croes a Gorfoledd, Caradog Owen, d.d.
Cwm Glo, J. Kitchener Davies, 1935.
Cyfoeth ynte Cymeriad, Grace Thomas, 1911.
Cyfrinach y Cybydd, D. Gwernydd Morgan, 1921.
Cyfrinach y Fasged Frwyn, D. Gwernydd Morgan, 1920.
Cyfrinach y Môr, J. Eddie Parry, 1928.

Diofal yw Dim, John Gwilym Jones, 1942.
Dirgel Ffyrdd (comedi), Ieuan Griffiths, 1933.
Dŵr y Môr (comedi), Albert T. Rees, c.1919.

Ddoe a Heddyw, D.G. Williams, 1913.

Eilunod, J. Eddie Parry, 1929.
Eisteddfod Bodran (ffars), Saunders Lewis, 1952.
Enoc Huws, addasiad Thomas Howells a J. Milwyn Howells, 1913.
Ephraim Harris, D.T. Davies, 1914.

Ffynnonbedr, Rhys Evans, c.1922.

Glo Caled (comedi), Gwynne D. Evans, 1953.
Gwaed yr Uchelwyr, Saunders Lewis, 1922.
Gŵr y Cefen, J. Tywi Jones, 1920.

Help Llaw (Chwith) (comedi), Leyshon Williams, 1932.
Helynt Hen Aelwyd, Richard Williams, d.d.
Hywel Harris, A.E. Jones (Cynan), 1932.

Jack y Bachgen Drwg, Dafydd Evans, c.1890.
John a Jâms (comedi), Brinley Jones, 1926.

La Zone, J. Eddie Parry, 1931.
Llanbrynmair, Rhys Evans, 1922.
Lle Mynno'r Gwynt, John Gwilym Jones, 1958.
Llywelyn Fawr, Thomas Parry, 1954.

Man Gwyn Man Draw (melodrama), Edna Bonnell (teipysgrif).
Maes-y-meillion, D.J. Davies, 1933.
Modur y Siopwr, G. Prys Jones.

Na Fernwch, Edna Bonnell (teipysgrif).

Owen Glyndŵr, Peter Williams (Pedr Hir), 1915.
Owain Llwyd, y Bachgen Da, Dafydd Evans, 1890.

Pelenni Pitar (comedi), D.T. Davies, 1934.
Pen Llanw, John Griffiths, 1952.
Pen y Daith, J. Ellis Williams, 1932.
Pobl yr Ymylon, Idwal Jones, 1927.
Porth Ewyn, J. Ellis Williams, 1956.
Pryd o Ddail, J.D. Miller (teipysgrif).

Rhys Lewis, addasiad J.M. Edwards, Treffynnon, 1910.

Trech Gwlad nag Arglwydd, Grace Thomas, 1912.

Y Bardd a'r Cerddor, R.A. Griffith (Elphin), 1901.
Y Bluen Aur (comedi), Emrys Jones, 1946.
Y Briodas Ddirgel (comedi), T.O. Jones (Gwynfor), 1917.
Y Brodyr, John Gwilym Jones, 1934.
Y Carnifal, Tom Richards, 1939.
Y Ddeuddyn Hyn (comedi), Islwyn Williams, 1949.
Y Dreflan, addasiad J.M. Edwards, Treffynnon, 1915.
Y Ferch o Gefn Ydfa, J. Bonfyl Davies, c.1910.
Y Fflam Leilac, Ieuan Griffiths, 1952.
Y Ffon Dafl, J. Ellis Williams, 1926.
Y Merlyn Main, W. Vaughan Jones.
Y Prawf, J.P. Walters a R. Howells, 1919.
Yr Allor Deuluaidd, Thomas Rosser (teipysgrif, 1918).

Yr Anfarwol Ifan Harris, Idwal Jones (teipysgrif, 1928).
Yr Erodrom (comedi), J. Ellis Williams, 1937.
Yr Etifeddiaeth, Henry Hughes.
Yr Het Goch, William Evans (Wil Ifan), 1933.
Yr Oruchwyliaeth Newydd, Ieuan Griffiths, 1937.
Y Pwyllgorddyn (comedi), J. Ellis Williams, 1931.

DRAMÂU UN ACT

Ble Ma Fa?, D.T. Davies, 1913.
Dwywaith yn Blentyn (comedi), R.G. Berry, 1924.
Ffrois (ffars), D.T. Davies, 1920.
Mari'r Forwyn, E. Arthur Morris.
Modryb Martha, D.R. Jones, 1932.
Noson o Farrug (trasiedi), R.G. Berry, 1915.
Troi'r Tir, D.T. Davies, 1926.
Y Gainc Olaf (drama-gerdd), T. Gwynn Jones, 1934.
Y Pwyllgor (ffars), D.T. Davies, 1932.
Yr Hen Anian, R.G. Berry, 1929.

CYFIEITHIADAU

DRAMÂU HIR

Adar Brithion, cyf. J.T. Jones a W. Rowlands o *Painted Sparrows*, G. Paxton ac E.V. Hoile.
Antigone, cyf. Mary Lewis o drasiedi Anouilh (teipysgrif c.1960).
A Ŵyr Pob Merch, cyf. D.R. Davies o gomedi J.M. Barrie, *What Every Woman Knows*, (teipysgrif, 1928).
Awel Gref, cyf. John Ellis Williams o ddrama Emlyn Williams, *The Wind of Heaven*, 1946.
Canmlwydd, cyf. Mary Hughes o *A Hundred Years Old*, sef cyf. Helen a Harley Granville Barker o'r ddrama Sbaeneg gan y brodyr Quintero.
Cŵyr Crydd, cyf. John Ellis Williams o gomedi Eynon Evans, *Cobbler's Wax*, 1946.
Dedwydd Briodas, cyf. Mary Lewis o ffars J.B. Priestly, *When we are Married* (teipysgrif).
Deufor Gyfarfod, cyf. Magdalen Morgan o ddrama J.O. Francis, *Change*, 1928.
Dewis Anorfod, cyf. Magdalen Morgan o gomedi Harold Brighouse, *Hobson's Choice*, 1932.
Doctor er ei Waethaf, cyf. Saunders Lewis o gomedi Molière, *Le Médécine Malgré Lui*, 1924.
Dyn ag Arfau, cyf. Gruffudd Parry o ddrama G. Bernard Shaw, *Arms and the Man*, (teipysgrif).
'Y Machgen Gwyn I, cyf. John Edwards o ddrama Lennox Robinson, *The White-headed Boy*, 1928.
Gwraig y Ffermwr, cyf. D. Matthew Williams o gomedi Eden Phillpotts, *The Farmer's Wife*, 1933.
Hedda Gabler, cyf. Thomas Parry a R.H. Hughes o drasiedi Ibsen.
Hen Ŵr Y Mynydd, cyf. A.E. Jones (Cynan) o ddrama Norman Nicholson, *Old Man of the Mountain*, 1949.
Llygad y Geiniog, cyf. David J. Thomas o gomedi Louis D'Alton, *They got what they wanted*, 1951.
Nos Ystwyll, cyf. J.T. Jones o gomedi Shakespeare, *Twelfth Night*, 1970.
Pobun, cyf. T. Gwynn Jones o ddrama foes Hugo von Hoffmannsthal, *1933*.
Tylwyth ei Dŷ ei Hun, cyf. G.T. Evans o ddrama John Drinkwater, *A Man's House*.
Y Bobl Fach Ddu, cyf. John Hughes o ddrama J.O. Francis, *The dark little people*, 1923.
Y Briodas Arian, cyf. Jeremiah Jones o gomedi Eden Phillpotts, *Devonshire Cream*, 1933.
Y Cybydd, cyf. Ivor L. Evans o gomedi Molière, *L'Avare*, 1921.
Y Joan Danvers, cyf. D.R. Davies o ddrama Frank Stayton, *The Joan Danvers*, 1929.
Yr Abwyd, cyf. Idwal Owen o gomedi Archie Douglas, *Too Many Cooks* (teipysgrif).
Yr Ymhonwyr, cyf. J. Glyn Davies a D.E. Jenkins o ddrama Ibsen, *Kongsemnerne*, 1932.

DRAMÂU UN ACT

Canwyllbrennau'r Esgob, cyf. John Pierce o *The Bishop's Candlesticks*, Norman McKinnel.
Eldorado, cyf. Aneirin Talfan Davies o gomedi Bernard Gilbert, 1935.
John Huws Drws Nesa, cyf. A.E. Jones (Cynan) o gomedi Charles Lee, *Mr Sampson*, 1950.
Noddfa, cyf. A.L. Phillips Williams o *Sanctuary*, Phoebe M. Rees, 1943.
Pawen y Mwnci, addasiad J. Ellis Williams o *The Monkey's Paw*, W.W. Jacob, 1929.
Tlawd a Balch, cyf. Sali H. Davies o *Joint Owners in Spain*, Alice Brown (teipysgrif).
Y Briodas Orfod, cyf. Nathaniel Thomas o gomedi Molière, *La marriage forcé*, 1926.
Y Cab, cyf. Jeremiah Jones o gomedi John Taylor, *The Cab*, 1937.
Y Potsiar, cyf. Mary Hughes o gomedi J.O. Francis, *The Poacher*, 1928.
Y Tarw Coch, cyf. J. Ellis Williams o gomedi Benard Gilbert, *The Old Bull*, 1930.
Yr Ymadawedig, cyf. R. Ellis Jones o gomedi W. Stanley Houghton, *The Dear Departed*,1929.